네 가지
사랑

믿음이란
한 알의 밀알이 땅에 떨어져 죽음으로 많은 열매를 맺음과 같이
진리의 열매를 위하여 스스로 죽는 것을 뜻합니다.
눈으로 볼 수는 없으나 영원히 살아 있는 진리와
목숨을 맞바꾸는 자들을 우리는 믿는 이라고 부릅니다.
「믿음의 글들」은 평생, 혹은 가장 귀한 순간에
진리를 위하여 죽거나 죽기를 결단하는
참 믿는 이들의, 참 믿는 이들을 위한, 참 믿음의 글들입니다.

네 가지
사랑

C. S. 루이스 지음

이종태 옮김

홍성사

채드 왈쉬^{Chad Walsh}에게

애정이 우리를 죽이지 않게 하시고,
또 [애정이] 죽지도 않게 하소서.

－존 던^{John Donne}

차례

1

들어가는 말

우리는 오직 하나님께만 드려야 할 무조건적 헌신을 인간적 사랑에 바쳐 버릴 수 있습니다. 그러면 그 사랑은 신이 될 것입니다. 그리고 그것은 악마가 될 것입니다. 그러면 그것은 우리를 파멸시킬 것이며, 그 자신 또한 파멸될 것입니다. 왜냐하면 신의 자리를 허용받은 인간적 사랑은 사랑 그 자체로 남아 있을 수 없기 때문입니다.

"하나님은 사랑이시다"[1]라고 사도 요한은 말합니다. 처음에 이 책을 쓰려 했을 때만 해도, 이 구절이 사랑이라는 주제 전체를 관통하는 시원한 대로가 되어 줄 것이라 기대했습니다.

저는 인간의 사랑이란 사랑 자체이신 분의 사랑을 닮은 한에서만 비로소 사랑이라 불릴 자격이 있다고 말할 생각이었습니다. 따라서 제가 처음 했던 일은 '선물의 사랑Gift-love'과 '필요의 사랑Need-love'을 구별하는 것이었습니다. 선물의 사랑에서 전형적인 예는, 한 가정의 가장이 정작 자신은 함께 누리거나 보지 못하고 죽을 수도 있지만 가족의 미래 행복을 위해 일하고 계획하고 저축하는 사랑일 것입니다. 반면, 외롭고 겁먹

---

1) 요한일서 4장 8, 16절. 이하 주는 모두 옮긴이 주.

은 아이가 엄마 품속으로 파고드는 모습은 필요의 사랑이 보여 주는 전형적인 예입니다.

이 둘 중에 어느 것이 사랑 자체이신 분의 사랑과 더 유사한지는 너무도 분명합니다. 하나님의 사랑은 선물의 사랑입니다. 성부는 성자에게 자신의 전 존재와 소유를 내어 주십니다. 성자는 자신을 성부에게 되돌려드리며, 자신을 세상에 내어 주고 세상을 위해 성부에게 드림으로써, 결국 세상도 (성자 자신 안에서) 성부에게 되돌려드립니다.

이에 반해, 필요의 사랑만큼 우리가 믿고 있는 하나님의 생명과 닮지 않은 것이 또 있을까요? 하나님은 부족함이 전혀 없는 분입니다. 반면 우리가 구하는 필요의 사랑은, 플라톤이 말한 바대로 '빈곤의 산물'입니다. 이 사랑은 우리가 우리의 실제 처지를 정확히 인식하고 있음을 보여 줍니다. 실상 우리는 무력한 존재로 태어납니다. 그리고 지각이 온전해지는 즉시, 자신이 외로운 존재임을 알아차립니다. 우리는 신체적으로나 정서적으로, 지적으로 타인을 필요로 합니다. 무엇을 알기 위해선, 또 자기 자신을 알고자 할 때조차 다른 이들이 필요합니다.

저는 첫 번째 종류의 사랑을 칭송하고, 두 번째 종류의 사랑을 험담하는 식으로 쉽게 글을 쓸 수 있겠거니 생각했습니다. 물론, 저는 제가 말하려 했던 많은 부분에 대해서 여전히 동일하게 생각합니다. 만일 사랑이라는 것을 그저 사랑 받고자 하는 갈망으로만 여기는 사람이 있다면, 저는 그가 대단히 통탄스러운 상태에 있다고 생각할 것입니다. 그러나 지금의 저는, 그가 전혀 사랑 아닌 무언가를 사랑으로 오해하고 있다고는 생각지 않습니다(저의 스승 맥도날드George MacDonald도 같은 생각이었습니다). 이제 저는, 필요의 사랑은 사랑이 아니라고는 도저히 생각할 수 없습니다. 그런 식으로 생각하려 해 보았지만, 그때마다 번번이 난제와 모순에 봉착할 뿐이었습니다. (사랑의) 실상은 생각보다 훨씬 더 복잡했습니다.

무엇보다 먼저, 필요의 사랑을 '사랑'이라고 부르지 않는다면, 이는 영어를 포함한 대부분의 언어에 폭력을 가하는 일이 됩니다. 물론 언어라는 것이 오류가 절대로 없는 안내자는 아니지만, 그 모든 결함에도 불구하고 언어에는 다량의 축적된 통찰과 경험이 담겨 있습니다. 처음부터 언어를 무시하고 들어가는 사람은, 나중에 어떤 식으로든 반드시 언어의 보복을 받게 됩니다. 우리는 험프티 덤프티Humpty Dumpty[2]처럼 낱말의 의미를 제멋대로 정의하려 해서는 안 됩니다.

둘째, 우리는 필요의 사랑을 "단지 이기심일 뿐"이라고 말하지 않도록 조심해야 합니다. **단지**라는 말은 언제나 위험한 말입니다. 물론 필요의 사랑도, 우리의 다른 충동들처럼 이기적으로 탐닉될 수 있습니다. 포악하고 탐욕적인 애정 요구는 실로 끔찍합니다. 그러나 일상생활에서 어느 누구도, 평안을 얻고자 어머

---

2) 루이스 캐롤의《거울 나라의 앨리스》에 등장하는 인물.

니의 품으로 달려가는 아이나, '교제를 위해' 친구를 찾는 어른을 이기적이라고 말하지는 않습니다. 아이든 어른이든, 그런 행동을 덜 한다고 해서 이타적인 것도 아닙니다. 필요의 사랑을 느끼더라도 상황에 따라 짐짓 숨기거나 꾹 참아야 할 때도 있습니다. 그러나 그런 사랑을 아예 느끼지도 못한다면 그런 사람은 무정한 이기주의자의 표상일 것입니다. 우리는 사실상 서로를 필요로 하는 존재이기에("사람이 혼자 사는 것은 좋지 않습니다"[3]), 필요의 사랑을 인식하지 못하는 것은, 다시 말해 혼자 사는 것이 **좋다**고 착각하는 것은 영적으로 나쁜 증상입니다. 음식을 꼭 필요로 하는 인간에게, 입맛이 없다는 것은 의학적으로 나쁜 증상이듯이 말입니다.

셋째, 이보다 더 중요한 것이 있습니다. 사람의 영적 건강은 그가 하나님을 사랑하는 정도에 정비례한다는 점에 모든 그리스도인이 동의할 것입니다. 그런데 하나님을 향한 인간의 사랑은 본질적으로 필요의 사랑일 수밖에 없습니다. 대체로 늘 그런 편이고, 때로는 전적으로 그렇습니다. 이는 우리가 죄에 대해 용서를 구할 때나 시련 중에 도움을 구할 때 분명해집니다. 그러나 궁극적으로 우리 자신의 전 존재가 본질상 하나의 거대한 필요 덩어리에 불과하여 불완전하고 준비단계이며 공허하면서도 혼란한 존재여서, 얽힌 것을 풀어 주고 흐트러진 것을 묶어 줄

---

3) 창세기 2장 18절 참조.

분을 절실히 필요로 한다는 사실을 점점 깊이 인식해 갈 때에—이런 인식은 마땅히 깊어져야 합니다—훨씬 더 명백해집니다. 저는 지금, 인간은 하나님에게 순전히 필요의 사랑 외에는 아무것도 드릴 것이 없다고 말하는 것은 아닙니다. 영적으로 높은 수준에 있는 분들은 그 이상의 경지를 말해 줄 수도 있습니다. 그러나 그들은 먼저 이렇게 말할 수 있어야 합니다. 즉, 만일 사람이 감히 자신은 늘 그런 높은 경지에서만 살므로 이제 필요의 사랑 같은 것은 완전히 졸업했다고 생각하는 순간, 그 높은 경지는 이제 참된 은총의 상태이기를 멈추고 신플라톤적Neo-Platonic[4]이 되며, 마침내는 악마적인 환상이 된다고 말입니다.

《그리스도를 본받아》의 저자는 "최하층 없이는 최상층이 설 수 없다"고 말합니다. "저는 거지가 아닙니다. 아무런 사심 없이 당신을 사랑하는 것이지요"라고 뻐기며 창조자 앞으로 나오는 피조물은 뻔뻔하고도 어리석은 존재입니다. 하나님을 향한 선물의 사랑에 가장 근접해 본 사람이라면, 다음 순간, 아니 바로 그 순간 성경에 나오는 세리처럼 가슴을 치며, 유일하며 참된 수여자Giver께 자신의 곤궁을 아뢸 것입니다.[5] 그것이 하나님의 뜻입니다. 그분은 우리의 필요의 사랑을 향해 말씀하십니다. "수고하고 무거운 짐 진 자들아 다 내게로 오라."[6] 구약성

---

4) 신플라톤주의: 플로티누스Plotinus로부터 시작된 철학 사조로, 인간은 철학적 신비 명상을 통해 유일자the One인 신과 다시 합일할 수 있다고 가르쳤던 사상.
5) 누가복음 18장 13-14절 참조.

경에서는 또 이렇게 말씀하십니다. "네 입을 넓게 열라. 내가 채우리라."[7]

이렇게 필요의 사랑 중 그 최대치는, 인간의 가장 높고 가장 건강하며 가장 실제적인 영적 상태와 일치하거나 최소한 그 주된 요소가 됩니다. 여기에는 한 가지 대단히 기이한 결론이 뒤따릅니다. 즉, 어떤 의미에서 인간은 하나님과 가장 유사하지 않을 때 오히려 하나님께 가장 가까이 다가가게 된다는 것입니다. 생각해 보십시오. 충만함과 빈곤함, 최고 권력과 비천한 신분, 정의와 회개, 무한한 능력과 도움의 호소만큼 서로 닮지 않은 것들이 또 뭐가 있겠습니까? 처음 이 역설에 부딪혔을 때, 비틀거릴 수밖에 없었습니다. 또한 사랑에 대해 글을 쓰려 했던 이전의 모든 시도들은 좌초되었습니다. 이 역설 앞에서는 다음과 같은 결론을 내릴 수밖에 없어 보입니다.

'하나님과 가까움nearness to God'에는 서로 다른 두 종류가 있음을 구별해야 합니다. 하나는 '하나님과 유사하다likeness to God'는 의미에서의 가까움입니다. 하나님은 그분이 만드신 모든 만물 속에 그분과의 유사성을 새겨 넣으셨습니다. 공간과 시간은 나름의 방식으로 그분의 크심을 반영합니다. 모든 생명은 그분의 생산력을, 동물의 생명은 그분의 활동력을 반영

---

6) 마태복음 11장 28절.
7) 시편 81편 10절.

합니다. 이성을 소유한 인간은, 이런 것보다 훨씬 중요한 유사성을 갖습니다. 천사들은 인간에게 없는 어떤 유사성, 즉 불멸성과 직관력을 지녔다고 믿습니다. 이런 식으로 선인이든 악인이든 모든 사람들과, 타락한 천사를 포함해 모든 천사들은 동물들보다 하나님과 더 유사합니다. 이런 의미에서 그들의 본질은 하나님의 본질에 '더 가까운nearer' 것입니다. 그러나 두 번째로는, '하나님께 접근하다nearness of approach'는 의미의 가까움입니다. 이 말에서 하나님께 '가장 가까운' 상태라는 의미는, 궁극적으로 하나님과 연합하여 그분의 얼굴을 뵙고 그분을 누리는 상태에 확실하고 신속하게 접근해 가고 있다는 뜻입니다. 이렇게 유사성으로서의 가까움과 접근으로서의 가까움을 구별하게 되면, 그 둘이 반드시 일치하지는 않음을 깨닫게 됩니다. 그 둘은 서로 일치할 수도 있지만 아닐 수도 있습니다.

아마도 이런 비유가 도움이 될 것 같습니다. 지금 우리가 고향마을로 가는 어떤 산길을 따라 걷는 중이라고 가정합시다. 정오쯤에 우리는 공간적으로는 고향마을과 매우 가까운 곳, 바로 아래 그 마을이 내려다보이는 어떤 절벽에 도착합니다. 돌을 던지면 바로 그 마을로 떨어질 만큼 가까운 위치입니다. 그러나 암벽등반가가 아닌 이상 밑으로 직접 내려갈 수는 없습니다. 먼 길을 돌아가야 합니다. 어쩌면 5마일은 더 가야 할지도 모릅니다. 그렇게 **우회로**를 걸어가는 중에 지나는 많은 지점들은, 아까 그 절벽에 잠시 멈춰 앉았을 때보다는 그 마을과 더 멀어질 수도 있습니다. 그러나 이는 다만 정지 상태에서만 그렇습니다. 진행 상태에서 보면, 우리는 고향집 욕조와 차茶에 훨씬 '더 가까이' 다가간 셈입니다.

하나님은 복되시고 전능하시며 주권적이고 창조적인 분이시므로, 어떤 사람에게 행복이나 능력이나 자유나 생산력이 있다는 것은 (정신적인 면에서든 육체적인 면에서든) 그에게 분명 하나님과 유사성이 있다는 의미입니다. 그러나 그러한 은사를 소유했다는 것이 곧 성화聖化를 의미한다고 생각하는 사람은 아무도 없습니다. 종류가 무엇이든 간에 부富는 결코 하나님 나라에 들어가게 해 주는 통행증이 될 수 없습니다.

그 절벽이 고향마을과 가깝긴 하지만, 우리가 아무리 거기 오래 앉아 있어도 고향집 욕조와 차에는 조금도 더 가까워지지 않습니다. 마찬가지로 하나님이 어떤 피조물에게, 혹은 그 피조물의 어떤 상태에 넣어 주신 유사성이란, 이미 만들어져 있으며 붙박이로 고정된 그 무엇으로서의 가까움을 의미합니다. 유사하다는 측면에서 하나님과 가깝다는 사실만으로는 결코 더 이상 가까워질 수는 없습니다. 그러나 접근한다는 의미에서의 가까움이란, 말 그대로 점점 더 가까이 다가가는 것입니다. 그리고 유사성이란 그저 우리에게 주어지는 것—감사로, 혹은 감사 없이 받아 사용하거나 오용할 수 있는—인 반면, 접근은 아무리 은혜로 시작되고 유지된다 해도 결국 우리가 행해야 하는 무엇입니다.

피조물은 그 자신의 협조나 동의 없이도, 이미 각기 다양한 방식에 따라 하나님의 형상으로 만들어져 있습니다. 그러나 그들이 하나님의 자녀가 되는 것은 그런 식이 아닙니다. 그리고 그들이 자녀가 될 때 받게 되는 유사성이란 형상이나 초상肖像과는 다른 의미의 유사성입니다. 어떤 의미에서 그것은 유사성 이상인데, 왜냐하면 우리가 의지로써 하나님과 하나로 연합하기 때문입니다. 그러나 이는 우리가 지금껏 말해 온 그 차이점 모두와 잘 부합합니다. 따라서 저보다 나은 어떤 작가도 말했듯이, 현세에서 우리가 하나님을 본받는 일은 성육신하신 하나님을 본받는 일일 수밖에 없습니다(즉 여기에는 그분이 우리의 본성이나 상태에 새겨 넣으신 그런 유사성과는 구별되는, 우리의 의지가 담겨 있습니다). 다시 말해 우리의 본보기는 예수님입니다. 갈보리에서의 예수님뿐 아니라 일터에서, 길가에서, 군중 속에서, 그 시끌벅적한 요구들과 험악한 반대들, 모든 평화와 사생활의 박탈, 온갖 방해질 속에서의 예수님 말입니다. 왜냐하면 겉으로 보기엔 하나님의 생명 본질과 판이하게 달라서 전혀 유사성이 없어 보이는, 바로 그와 같은 것들이 인간 세상의 조건 아래서 일하시는 하나님의 생명이기 때문입니다.

이제 왜 제가 모든 사랑론論에서 이런 구별이 불가피하다고 여기는지 설명하고자 합니다. 하나님은 사랑이시라는 사도 요한의 말과 더불어 오래 전부터 제 생각에 균형을 이루는 다른 말이 있습니다. "사랑은 신이기를 그칠 때 비로소 악마이기를 그친다"라는, 어느 현대 작가(드니 드 루즈몽M. Denis de Rougemont)[8]의 말입니다. 물론 이 말은 "사랑은 신이 되기 시작하는 순간, 악마가 되기 시작한다"라고 고쳐 말할 수 있습니다. 저는 이러한 균형이 필요불가결하다고 생각합니다. 이 균형을 무시하는 사람에게는, 하나님은 사랑이시라는 진리가 어느새 그 정반대 의미인 '사랑이 곧 하나님'이라는 말로 변할 수 있기 때문입니다.

사랑에 대해 생각해 본 사람이라면 누구나 드니 드 루즈몽의 말을 이해할 것입니다. 인간의 모든 사랑은 최고 정점에 이르렀을 때 스스로 어떤 신적 권위를 주장하는 경향이 있습니다. 그 사랑의 음성은 마치 하나님의 음성인 양 들려옵니다. 그 사랑은 우리에게 대가를 계산하지 말라고 말하며, 전적인 헌신을 요구하고, 다른 주장들은 모조리 깔아뭉개며, 진심으로 '사랑을 위해' 한 일이면 뭐든지 다 합법적이며 심지어 훌륭하다고 에둘러 말하기도 합니다. 에로스 사랑과 애국심이 이런 식으로 '신이 되기'를 꾀한다는 것은 일반적으로 인정되는 사실입니다. 그러나 가족에 대한 애정도 마찬가지며, 방식은 조금 다르지만 우정도 마찬가지입니다. 이는 이후에 거듭 다뤄질 문제이기에 더 이상은 부연하지 않겠습니다.

여기서 주목해야 할 점은, 자연적 사랑은 이러한 불경스런 주

8) 1906–1985. 스위스 철학자이며 《서구에서의 사랑 *Love in the Western World*》의 저자.

장을 최악의 때가 아니라 최고의 상황, 자연스런 상태일 때 한다는 사실입니다. 소위 '순수하고' '고귀한' 상태일 때 말입니다. 특히 에로스 사랑의 경우 더욱 그러합니다. 신실하고 진정한 자기희생적 열정이 마치 하나님의 음성 같은 목소리로 말합니다. 단순히 동물적이고 저급한 욕망은 그렇지 않습니다. 그런 욕망은 거기에 중독된 이들을 수십 가지 방식으로 타락시킬 수는 있지만 이런 방식으로는 아닙니다. 사람이 그런 저급한 감정에 사로잡혀 행동할 수는 있지만, 그렇다고 그런 감정을 존경하지는 않습니다. 가려움을 참지 못해 긁는 사람이 그 가려움증을 존경하지는 않듯이 말입니다. 응석을 받아 주기만 해서 아이—변덕이 나기 전까지는, 살아 있는 인형이라고 할 수 있는—를 망치는 어떤 어리석은 여자의 일시적인 자식사랑 탐닉(실은 자기사랑 탐닉)은, (정말로) '자기 아들을 위해 사는' 어떤 여자의 깊고 세밀한 헌신보다는 '신이 될' 가능성이 훨씬 적습니다. 또 맥주나 노래에 자극 받아 생기는 그런 종류의 애국심은, 자기 나라에 큰 해를 (혹은 큰 유익을) 끼치지 못할 것입니다. 아마 맥주를 한 병 더 시켜 마시거나, 노래를 한번 크게 부르고 나면 그런 감정은 완전히 배출되고 말 것입니다.

　그리고 이는 응당 예상할 수 있어야 합니다. 우리의 사랑이 신성神性을 주장할 때는, 그 주장이 정말로 그럴 만하다고 여겨질 때입니다. 또 그 주장이 그럴 듯해지는 것은 그 사랑과 사랑 자체이신 분의 사랑 사이에 실로 어떤 유사성이 있을 때에 그렇습니다. 이 점에 유념해야 합니다. 우리에게서 나타나는 선물의 사랑은 하나님의 사랑과 참으로 유사하며, 이 선물의 사랑 중에서도 끊임없이 무한정 내어 주는 사랑은 하나님의 사랑과 가장 닮은 유형일 것입니다. 그런 사랑에 대해 시인들이 하는 말은 모두 다 진실입니다. 그 기쁨, 그 활력, 그 인내, 그 용서하려는 마음, 그 위하는 마음 등 이 모두는 정말로 가히 우리의 숭배도 받을 만한 하나님 생명의 한 형상입니다. 이에 대해 우리는 '인간에게 그러한 능력을 주신' 하나님께 감사해야 마땅합니다.

어떤 의미에서, 많이 사랑하는 사람은 하나님과 '가까운' 사람입니다. 그러나 이는 물론 '유사성에 의한 가까움'이며, 그것 자체로서는 결코 '접근으로서의 가까움'이 될 수 없습니다. 그 유사성은 이미 주어져 있는 것입니다. 이는 (물론 도움 없이는 감당할 수 없는) 우리 자신의 임무라고 할 수 있는, 더디고도 고된 접근과는 어떤 필연적 연관성도 없습니다. 그렇지만 어쨌든 그 유사성이 참으로 탁월한 것은 사실입니다. 그렇기 때문에 우리는 그 유사함Like이 동일함Same인 양 착각하기도 합니다.

우리는 오직 하나님께만 드려야 할 무조건적 헌신을 인간적 사랑에 바쳐 버릴 수 있습니다. 그러면 그 사랑은 신이 될 것입니다. 그리고 그것은 악마가 될 것입니다. 그러면 그것은 우리를 파멸시킬 것이며, 그 자신 또한 파멸될 것입니다. 왜냐하면 신의 자리를 허용받은 인간적 사랑은 사랑 그 자체로 남아 있을 수 없기 때문입니다. 여전히 사랑으로 불릴지는 몰라도, 실제로는 복잡한 형태의 증오가 되어 버릴 것입니다.

우리에게 있는 필요의 사랑은 탐욕스럽고 완고할 수는 있으나 스스로를 신으로 내세우지는 않습니다. 왜냐하면 그 사랑은 그런 시도를 할 만큼 그렇게 하나님과 (유사성 측면에서) 가깝지 못하기 때문입니다.

여기서 내릴 수 있는 한 가지 결론은, 우리는 인간의 사랑을 우상숭배하는 대열에도, 반대로 '폭로하는(깎아내리는)' 대열에도 동참해서는 안 된다는 것입니다. 19세기 문학의 큰 과오는 에로스 사랑과 '가족간의 애정'을 우상숭배한 데에 있습니다. 브라우닝Robert Browning이나, 킹슬리Charles Kingsley, 패트모어Coventry K. D. Patmore 같은 이들은, 마치 사랑에 빠지는 것이 성화와 동일한 것인 양 말할 때가 있었습니다. 또 그 시대 소설가들은 '세상'의 반대가 천국이 아니라 가정이라고 생각하는 경향이 있었습니다. 그런데 지금 우리는 거기에 반동反動하는 시대에 살고 있습니다. 우리 시대의 폭로꾼들debunkers은 이전 시대 사람들이 사랑에 대해 늘어놓았던 찬사들을 그저 싸구려 감상感想들로 치부해 버립니다. 그리고 그들은 늘 자연적 사랑의 지저분한 뿌리를 캐내어 폭로합니다.

그러나 우리는 '지나치게 똑똑한 위인의 말도, 지나치게 멍청한 위인의 말도' 듣지 않는 게 상책입니다. 최하층 없이 최고층은 설 수 없습니다. 식물이 위로는 햇빛을 얻듯이 아래로는 뿌리를 가질 수밖에 없고, 뿌리는 흙이 묻어 지저분할 수밖에 없습니다. 그 식물을 괜히 뽑아서 서재 책상에 두고 날마다 물을 뿌려 대지 않는 한, 정원에 그대로 둔 그 뿌리의 흙은 깨끗한 흙덩이일 뿐입니다. 인간의 사랑은 하나님 사랑의 영광스러운 형상일 수 있습니다. 그 이하도 아니며 그 이상도 아닙니다. 유사성은 경우에 따라 접근에 도움이 되기도 하고, 방해가 되기도 합니다. 아마 어느 쪽도 아닐 때도 많을 것입니다.

2

인간 이하 것에 대한
애호와 사랑

필요의 사랑은 우리의 빈곤에 대해 하나님께 부르짖습
니다. 선물의 사랑은 하나님을 섬기려 하고 하나님을
위해 기꺼이 고난도 감수하려 합니다. 그런데 감상의
사랑은 하나님께 "당신의 크신 영광에 대해 감사드립
니다"라고 말합니다.

저의 세대는 대부분 어렸을 때, 딸기를 "사랑한다"라고 말하면 어른들한테 야단을 맞았습니다. 또 어떤 이들은 불어에는 **사랑하다**aimer라는 하나의 동사만 있는 반면 영어에는 **사랑하다**love와 **좋아하다**like라는 두 가지 동사가 있다는 사실을 무척 자랑스럽게 여깁니다.

그러나 많은 훌륭한 언어들이 불어와 같은 처지이며, 영어도 실제 사용시에는 불어와 같은 형편일 때가 아주 많습니다. 학자인 체하는 사람이든 경건한 사람이든 간에, 거의 모든 화자들이 일상생활에서 어떤 음식이나 게임이나 일에 대해 "사랑한다"라고 말합니다. 그리고 실제로 사물에 대한 기본적인 애호와 사람에 대한 사랑 사이에는 연속성이 있습니다. '최하층 없이는 최상층이 설 수 없'기에, 아래쪽에 있는 단순한 애호에 대한 이야기부터 시작하는 편이 좋겠습니다. 그런데 어떤 것을 '좋아한다' 는 것은 거기서 모종의 즐거움을 느낀다는 뜻이므로, 일단은 즐거움에 대한 이야기부터 시작하고자 합니다.

즐거움에 두 가지 종류가 있다는 것은 오래전부터 알려진 사실입니다. 먼저 욕망이 생겨서 비로소 즐거움이 되는 것이 그하나고, 그런 앞선 욕망 없이 그 자체로서 이미 즐거움인 것이 나머지 하나입니다. 전자의 예로 물 마시기가 있습니다. 만약 갈증을 느꼈다면 물 마시는 것이 즐거움이고, 갈증이 크면 클수록 즐거움도 큽니다. 그러나 갈증도 없고 의사의 지시도 없는데, 순전히 그 자체가 재미있어서 물을 들이키는 사람은 아마 아무도 없을 것입니다. 후자의 예는, 찾지도 기대하지도 않았던 어떤 좋은 냄새—아침 산책길에 만날 수 있는 어느 콩밭의 내음이나 잘 익은 스위트피sweet-peas 냄새—를 맡게 될 때의 즐거움입니다. 그 냄새를 맡기 전에도 당신은 아쉬운 것 없이 흡족한 상태였습니다. 대단히 큰 그 즐거움은, 말하자면 요청 없이 덤으로 받은 선물입니다.

저는 쉽게 설명하려고 간단한 예를 든 것이니, 당연히 이보다 복잡한 경우도 많을 것입니다. 가령, 물을 기대했는데(물로도 만족했을 텐데) 커피나 맥주를 대접받았다면, 그때 여러분은 첫 번째 종류의 즐거움(갈증 해소)과 두 번째 종류의 즐거움(맛있는 음료)을 동시에 얻게 됩니다. 그리고 중독은, 전에는 두 번째 종류의 즐거움이던 것을 첫 번째 것으로 바꾸어 놓을 수 있습니다.

절제하는 사람에게는 가끔씩 즐기는 한 잔의 와인이 특별한 위안거리—그 콩밭 냄새처럼—입니다. 그러나 이미 미각과 소화 기관이 망가져 버린 알코올 중독자에게 술은, 참을 수 없는 욕구를 진정시켜 주는 작용 외에는 어떠한 즐거움도 주지 못합니다. 만일 그가 조금이라도 맛을 분간할 줄 안다면 그 술맛을 싫어할 것입니다. 그러나 술이 깬 상태의 비참한 기분보다는 낫기에 계속 마셔대는 것입니다. 이렇듯 서로 치환되기도 하고 결합되기도 하지만, 하여간 이 두 종류의 즐거움은 꽤 분명하게 구분됩니다. 이 각각을 필요의 즐거움Need-pleasures과 감상의 즐거움Pleasures of Appreciation이라고 부를 수 있습니다.

아마 다들, 이 필요의 즐거움과 앞장에서 말한 '필요의 사랑'이 유사하다고 생각할 것입니다. 그러나 기억하시겠지만, 앞에서 저는 필요의 사랑을 깎아내리거나 심지어 그 사랑을 아예 사랑으로 취급하지 않는 경향을 거부한다고 했습니다. 그런데 여기서는 대부분의 사람들이, 그 정반대의 경향인 듯합니다. 즉 필요의 즐거움은 장황하게 치켜세우는 반면, 감상의 즐거움에 대해서는 얼굴을 찌푸리기 십상입니다. 필요의 즐거움은 지극히 자연스럽고('자연스러운'은 참으로 마술적 힘을 지닌 형용사입니다) 꼭 필요하며 바로 그 자연스러움이 그 이상의 과잉을 막아 주는 반면, 감상의 즐거움은 불필요한 것으로서 온갖 사치와 악덕으로 이어진다고들 합니다.

이런 식의 주장을 펴는 글을 찾고자 한다면, 스토아 학파

Stoics의 책들을 열면 얼마든지 한가득 얻을 수 있습니다. 그러나 이런 주제를 탐구할 때 너무 조급하게 도덕적 평가자의 태도를 취하지 않도록 조심해야 합니다. 일반적으로 인간은 묘사하고 정의하는 일보다는 찬양하거나 헐뜯는 일에 훨씬 더 열성적입니다. 무언가를 구별할 때도, 가치의 등급으로 구별하려고 합니다. 그래서 두 시인의 서로 다른 특질을 논할 때도, 꼭 순위를 매겨야 직성이 풀리는 그런 못 말리는 비평가들이 있는 것입니다. 마치 그 두 시인이 지금 어떤 상을 두고 서로 경쟁이라도 하듯 말입니다. 즐거움을 논할 때 결코 그런 식의 자세를 취해서는 안 됩니다. 실상은 훨씬 더 복잡하기 때문입니다. 감상의 즐거움이 (중독에 의해) 변질되면 필요의 즐거움이 될 수도 있다는 예를 통해, 이미 이에 대해 경고를 받은 바 있습니다.

아무튼 두 가지 종류의 즐거움이 있다는 점의 중요성은, 그것이 인간의 '사랑'(대략 그렇게 불리는)의 특징을 암시해 준다는 데 있습니다.

목이 말랐다가 방금 물을 한 사발 쭉 들이켠 사람은 이렇게 말할 것입니다. "아, 얼마나 마시고 **싶었던지**I wanted that." 방금 '한 잔' 들이켠 알코올 중독자도 그렇게 말할 것입니다. 그러나 아침 산책길에 스위트피 향기를 만난 사람은 이렇게 말할 것입니다. "이 얼마나 좋은 냄새**인가**How lovely the smell is." 마찬가지로 유명한 클라레claret[9]를 처음 맛본 술 감정가는 "이건 대단한 술**이야**This is a great wine"라고 말할 것입니다. 이렇듯 필요의 즐거움을 느낄 때는 자기 자신에 대해 과거 시제의 표현을 써서 말하는 반면, 감상의 즐거움을 느낄 때는 그 대상에 대해 현재 시제의 표현을 써서 말하는 경향이 있습니다. 그 이유는 간단합니다.

셰익스피어Shakespeare는 어떤 포악한 욕망의 만족에 대해 이렇게 묘사했습니다,

이성 잃은 추구, 그러나 일단 손에 넣으면
이성 잃은 증오.

가장 순수하고 필수적인 필요의 즐거움에도 다소 이런 특성이 있습니다. 그 즐거움은 일단 얻고 난 다음에는, 증오까지는 아니더라도 놀라울 정도로 급격히 또 완전히 '시들해집니다.' 잔디를 깎느라 목이 바짝 마른 사람에게 주방 수도꼭지와 물 컵은 실로 매혹적인 것이 아닐 수 없습니다. 그러나 단 6초만 지나도 그것은 모든 매력을 잃고 맙니다. 튀긴 음식 냄새도 아침식사 전과 후가 전혀 다릅니다. 또 매우 극단적인 예를 드는 것을 양해해 주신다면, 우리 대부분이 (어느 낯선 동네에서) **신사용** GEN-TLEMEN이라고 적힌 문을 발견하고서 거의 노래라도 부를 만큼 기뻐했던 경험들이 있지 않습니까?

---

9) 프랑스 보르도 산 적포도주.

감상의 즐거움은 매우 다릅니다. 이 즐거움은 단순히 우리 감각이 만족되었다는 느낌뿐 아니라, 무언가 그런 감상을 받아 마땅한 대상이 있다는 느낌을 갖게 합니다. 술 감정가가 클라레에서 얻은 즐거움은, 추운 날 발을 따뜻하게 할 때의 즐거움과는 사뭇 다릅니다. 그는 그 와인을 자신이 전적으로 주목해야 마땅한 가치 있는 것으로 느낍니다. 그 가치는 그 술을 만드는 데 들어간 모든 전통과 기술, 또 그런 맛을 알아보기 위해 자신의 미각을 훈련해 온 그간의 모든 시간을 정당화해 줍니다.

그의 태도는 다소 사심이 없어 뵈기도 합니다. 그는 그 와인이 좋은 상태로 잘 보존되기를 바라지만, 꼭 자신을 위해서 그렇게 되기를 바라는 것은 아닙니다. 다시는 와인을 마실 기회가 없을 임종의 시간에도 그는 그런 최상의 와인을, 좋은 와인과 나쁜 와인을 전혀 분간할 줄 모르는 (저 같은) 어중이들이 함부로 흘리고 망치고 심지어 마셔 버릴지도 모른다는 생각을 하면 몸서리 칠 것입니다. 그 스위트피 옆을 지나가는 사람도 마찬가지입니다. 그는 단순히 그 향기를 즐길 뿐 아니라, 그렇게 즐길 줄 알아야 마땅하다고 여깁니다. 만일 그가 아무 즐거움도 느끼지 못하고 덤덤하게 그 옆을 지나쳤다면 그는 스스로를 무디고 무감각한 사람이라고 비난했을 것입니다. 그렇게 좋은 것을 그냥 흘려보냈다고 창피하게 여겼을 것입니다. 그는 수년이 지난 후에도 여전히 그 향기로웠던 순간을 기억할 것입니다. 그때 그 산책길을 지금은 극장이나 주차장이나 차도가 삼켜 버렸다는 소식을 듣게 된다면 무척 유감으로 여길 것입니다.

과학적으로는 이 두 종류의 즐거움 모두 의심할 여지없이 인간의 유기체 조직과 상관이 있습니다. 그러나 필요의 즐거움은 단순히 인간의 신체 조직에 대해서가 아니라 그 가변성과 큰 상관이 있고, 이 관계를 떠나서는 아무런 의미나 흥미를 주지 못합니다. 반면 감상의 즐거움을 주는 대상들은, 우리에게 그것들을 맛보고 주목하고 찬양할 의무가 있다는 느낌—비이성적일지도 모르나—을 줍니다. "루이스에게 저런 와인을 마시게 하는 것은 죄야"라고 클라레 전문가는 말합니다. "어떻게 당신은 그 향기에 무심한 채 거기를 그냥 지나칠 수 있어요?"라고 우리는 묻습니다. 그러나 필요의 즐거움에 대해서는 이런 느낌을 갖지 않습니다. 목마르지 않아서, 그래서 물을 떠 마시지 않고 우물을 그냥 지나쳤다고 해서 우리 자신이나 다른 이들을 비난하지는 않습니다.

필요의 즐거움이 어떻게 필요의 사랑을 암시해 주는지는 대단히 명확합니다. 필요의 사랑에서 상대는 우리 자신의 필요를 채워 주는 존재입니다. 목마른 사람에게 수도꼭지가, 알코올 중독자에게 한 잔의 진gin이 그렇듯이 말입니다. 그리고 필요의 즐거움처럼 필요의 사랑도 그 필요보다 더 오래 지속되지는 않습니다. 그러나 다행스럽게도 이 점이, 필요의 사랑에서 시작되는 애정이 모두 덧없음을 의미하지는 않습니다. 그 필요 자체가 끊임없이 되풀이될 수 있습니다. 또 그 필요의 사랑에 어떤 다른 종류의 사랑이 접목될 수도 있습니다. 또 어떤 도덕률(부부간의 정절, 자식의 효성, 감사 등)이 평생에 걸쳐 그 관계를 보존시킬 수도 있습니다. 그러나 그런 외부의 원조 없이는, 필요가 사라진 뒤에도 여전히 필요의 사랑이 '시들해지지' 않을 것이라 기대하기는 어렵습니다. 이것이 바로 다 자란 자식들이 자기를 홀대한다며 원망하는 어머니들의 한숨과, 필요가 가시자 관계를 끊어 버린 남자에 대한 정부情婦들의 원망이 세상에 가득한 이유입니다.

하나님을 향한 필요의 사랑은 사정이 다른데, 왜냐하면 그분에 대한 우리의 필요는 이 세상에서나 다른 어떤 세상에서도 결코 끝날 수 없기 때문입니다. 그러나 그 사실에 대한 우리의 인식은 끝날 수 있고, 그러면 그에 따라 필요의 사랑도 끝나 버릴 수 있습니다. '악마도 병이 들면 수도사가 되려 합니다.' 일단 '위험이나 절실한 필요나 시련'에서 벗어나면 이내 종교심이 사그라지고 마는 이들을 꼭 위선적인 신앙인이라고 부를 이유는 없어 보입니다. 어찌 신실하지 않을 수 있었겠습니까? 그들은 절실했고 그래서 간절히 도움을 부르짖었습니다. 누군들 그렇지 않을 수 있겠습니까?

감상의 즐거움이 암시해 주는 바는 더 자세한 설명이 필요합니다. 먼저 이 즐거움은 미에 대한 모든 체험의 출발점입니다. 아래로 '감각적' 즐거움과 위로 '미적' 즐거움을 칼로 자르듯 구분해 주는 선을 긋기란 불가능합니다. 클라레 전문가의 경험에는 집중력, 판단력, 훈련된 지각력 등 감각적이지 않은 요소가 포함되어 있습니다. 반면 음악가의 체험에는 늘 감각적 요소가 포함됩니다. 정원에서 얻는 감각적 즐거움이나 그 풍경(혹은 '아름다움')을 만끽하는 유쾌함(혹은 그 아름다움을 묘사한 그림이나 시에서 얻는 즐거움) 사이를 구분하는 경계선은 없습니다. 그 둘 사이는 단절 없이 흐르듯 이어질 뿐입니다.

그리고 앞서 보았듯이, 이런 종류의 즐거움에는 맨 처음부터 무사심disinterestedness 無私心의 전조 내지 조짐, 혹은 권유가 깃들여 있습니다. 물론 어떤 면에서 우리는 필요의 즐거움에 대해서도 사심 없고 비이기적일 수 있으며, 그것도 꽤 영웅적으로 그럴 수 있습니다. 부상당한 시드니 경[10]이 자기를 희생해 가면서 죽어 가는 병사에게 준 것은 한 컵의 물이었습니다. 그러나 이런 것은 제가 지금 말하는 그런 종류의 사심 없음이 아닙니다. 시드니 경은 이웃 병사를 사랑한 것입니다. 그러나 감상의 즐거움에서는, 가장 낮은 단계에서조차, 또 모든 미美를 온전히 감상하는 단계로 올라갈수록 더더욱 그 대상 자체에 대해 **사랑**이나 무사심이라 부르지 않을 수 없는 무언가를 품게 됩니다. 그 감정은, 마지막 생존자로 남은 한 사람으로 하여금 자신도 거의 죽어 가는 처지일망정 어떤 위대한 그림이 훼손되는 것을 꺼리게끔 만들고, 어쩌면 다시는 못 볼지도 모를 숲이 잘 보존

---

10) Sir Phillip Sidney(1554-1586). 영국 시인, 정치가, 군인.

되기를 바라게 하고, 정원이나 콩밭이 계속해서 존재하기를 간절히 원하게끔 만듭니다. 우리는 단순히 그 대상을 좋아하는 것이 아니라, 잠시나마 하나님의 입장에 서서 그것에 대해 "심히 좋다"[11]는 선언을 내리는 것입니다.

가장 밑에서부터 시작하겠다고—최하층 없이는 최상층이 설 수 없기에—했던 우리의 원칙은 이제 빛을 발하기 시작합니다. 그것은 사랑을 필요의 사랑과 선물의 사랑으로 나누었던 지난번 분류에서 부족한 점 하나를 깨닫게 해 줍니다. 사랑에는 그 두 가지 못지않게 중요한, 감상의 즐거움이 암시해 주는 세 번째 요소가 있습니다. 대상을 좋다고 판단하고, 일종의 의무감으로 그것에 주목하며(가히 경의를 표하고), 설령 즐길 수 없다 해도 그것이 그대로 존속되기를 바라는 마음 등은, 단순히 사물에 대해서 뿐 아니라 사람에 대해서도 가질 수 있는 자세입니다. 어떤 여인에 대한 자세일 때, 우리는 이를 찬사라고 부릅니다. 어떤 남자에 대한 자세일 때는 영웅숭배라고 말하며, 하나님에 대한 자세일 때는 예배라고 합니다.

필요의 사랑은 우리의 빈곤에 대해 하나님께 부르짖습니다. 선물의 사랑은 하나님을 섬기려 하고 하나님을 위해 기꺼이 고난도 감수하려 합니다. 그런데 감상의 사랑Appreciative love은 하나님께 "당신의 크신 영광에 대해 감사드립니다"라고 말하니

---

11) 창세기 1장 31절 참조.

다. 필요의 사랑은 어떤 여자에 대해 "그녀 없이는 못 살아"라고 말합니다. 선물의 사랑은 그녀에게 행복과 위로와 보호를—가능하다면 부(富)도—주려고 합니다. 그런데 감상의 사랑은 가만 숨죽여 그녀를 응시하며 그런 찬탄할 만한 여인이 존재한다는 사실만으로도 기뻐합니다. 설령 그녀를 얻지 못한다 해도 완전히 낙담하지 않으며, 그녀를 전혀 알지 못했던 것보다는 더 나은 일이라고 여깁니다.

분석하다가 의미가 상실됩니다. 실제 삶에서는 감사하게도, 사랑의 이 세 요소가 순간순간 섞이며 서로서로 잇따르고 있습니다. 아마 필요의 사랑을 제외하고는 그 어떤 사랑도 '화학적으로' 순수하게 저 혼자서 몇 초 이상 존재해 본 적이 없을 것입니다. 아마도 이는, 인간의 삶에서 빈곤성 외에는 그 어떤 것도 항구적이지 않기 때문입니다.

이제, 비인격적인 대상을 향한 사랑의 두 가지 형태에 대해 좀더 자세히 살펴보겠습니다.

어떤 이들에게, 특히 영국인들과 러시아인들에게 소위 '자연에 대한 사랑'은 진지하고도 오래된 정서입니다. 이것은 단순히 미에 대한 사랑의 한 성질로 분류하기에는 부족한, 어떤 특별한 종류로서의 자연 사랑을 의미합니다. 물론 자연에는 많은 아름다운 대상들—나무, 꽃, 동물—이 있습니다. 그러나 지금 제가 언급하는 자연 애호가들은 그런 개개의 아름다운 대상에는 그다지 큰 관심이 없습니다. 옆 사람들은 그들에게 방해꾼이 될 뿐입니다. 열성적인 식물학자는 그야말로 끔찍한 동료입니다. 번번이 길에 멈춰 서서는 개개의 대상들을 주목하게 만들 테니 말입니다. 또 그 자연 애호가들은 어떤 '경치'나 풍경을 찾는 것도 아닙니다. 그들의 대변자격인 워즈워스William Wordsworth는 그런 태도를 신랄하게 깎아내립니다. 그것은 단지 '경치와 경치를 비교하는 것'일 뿐이며, '진기한 색깔이나 모양새 같은 그저 무미건조한 것들'로 잔뜩 '포식pamper'하는 것에 지나지 않는다고 말입니다. 그렇게 비판적이고 차별적인 태도로 자연을 살피는 데 정신을 팔다 보면 정작 중요한 것, 즉 '시기과 계절의 분위기mood'나 그 장소에서 풍겨나는 '기운spirit'은 잃고 만다는 것입니다. 물론 그의 말은 옳습니다. 그렇기에 만일 여러분이 그의 방식대로 자연을 사랑하는 사람이라면, 여러분에게는 식물학자보다 풍경화가가 훨씬 더 나쁜 길동무일 것입니다.

중요한 것은 '분위기'나 '기운'입니다. 말하자면, 자연 애호가들은 자연이 시시각각으로 하는 모든 말을 남김없이 최대한 받아들이고 싶어 합니다. 그렇기에 그들에게는 으스스하고 황량하고 섬뜩하고 단조롭고 '몽상적이며 음산한' 풍경도 화려하고 우아하고 조화로운 풍경과 마찬가지로 더없이 소중합니다. 그들은 평범하기 그지없는 것에도 기꺼이 응답합니다. 그것 역시 자연이 발설하는 또 하나의 말이기 때문입니다. 이 자연 애호가들은 매시간 풍경이 보여 주는 순전한 특질에 자신을 알몸으로 드러냅니다. 그들은 그 특질을 자기 안으로 빨아들이고 싶어 하고, 그래서 그것에 속속들이 물들고 싶어 합니다.

이 체험도 19세기에는 하늘 높이 칭송받다가, 현대에 들어와서는 소위 폭로꾼들에 의해 사정없이 깎아내림을 당한 많은 것들 중 하나입니다. 물론 워즈워스가 시인으로서가 아니라, (엉터리) 철학자로서는 다분히 몽매한 이야기들도 했다는 폭로꾼들의 말을 인정해야 할 것입니다. 증거가 발견되지 않은 이상, 꽃이 자기가 마시는 공기를 음미한다고 믿는 것은 어리석습니다. 만약 그게 사실이라면, 꽃이 즐거움뿐 아니라 고통도 느끼는 게 당연할 텐데 그렇다면 그 점을 빠뜨린 것이 더 어리석게 됩니다. 많은 사람들이 '봄날 숲이 일으키는 심적 충동'에서 도덕철학을 배운다는 것도 사실이 아닙니다.

배운다 해도, 그것이 꼭 워즈워스가 찬성했을 종류의 도덕철학이라는 법은 없습니다. 그것은 무자비한 경쟁을 부추기는 도덕철학일 수도 있습니다. 실제, 그런 것을 배운 현대인들이 있습니다. 그들이 자연을 사랑하는 이유는 자연이 '핏속의 암흑신들'을 불러내 주기 때문입니다. 그럼에도 불구하고가 아니라 바로 그 이유, 동정심이나 수치심에 거리낌 없이 순전히 성sex과 굶주림과 힘으로만 돌아가는 곳이라는 이유 때문에 그들은 자연을 사랑합니다.

자연을 스승으로 삼는 이들에게, 그 자연은 그들이 이미 배우기로 작정한 것만 가르쳐 줄 뿐입니다. 달리 말해, 자연은 아무것도 가르쳐 주지 않습니다. 자연을 스승으로 삼으려는 태도는,

소위 '자연에 대한 사랑'과 매우 쉽사리 융합되는 경향이 있습니다. 그러나 어쨌거나 그것은 융합에 불과합니다. 우리가 아무리 스승으로 모셔도 자연의 그 '분위기'와 '기운'은 우리에게 어떠한 도덕도 가르쳐 주지 않습니다. 넘치는 흥, 압도하는 웅장함, 쓸쓸한 황량함 등이 우리 앞에 툭 하니 펼쳐질 뿐입니다. 그것들을 가지고 무엇을 할지는 우리에게 달려 있습니다. 자연이 우리에게 주는 명령은, "보십시오. 들으십시오. 주목하십시오"라는 말이 전부입니다.

이 명령이 잘못 해석되어, 거기서 온갖 신학, 범汎신학, 반反신학들—모두 엉터리로 폭로될 수 있는—이 만들어지는 경우가 많지만, 그렇다고 해서 그 중심 경험 자체가 엉터리는 아닙니다. 워즈워스 계통이건, '핏속에 암흑 신들이 있다'는 이들이건 자연 애호가들이 자연에서 얻는 것은, 도상학iconography圖像學, 즉 어떤 이미지 언어입니다. 단순히 가시적 이미지만 말하는 것은 아닙니다. 그 이미지란 바로, 자연의 '분위기'나 '기운'—공포, 우울, 명랑, 잔인, 욕망, 천진, 순수 등—을 말합니다. 사람은 각자 자신이 이미 가지고 있는 신념에 그 분위기나 기운으로 옷을 입힐 수 있습니다. 우리는 신학이나 철학을 다른 곳에서 배워야 합니다(그런 것을 종종 신학자나 철학자에게서 배운다는 것은 놀랄 일이 아니지요).

그런데 그러한 이미지들로 신념에 '옷 입힌다'는 제 말은, 우리가 자연을 시인들처럼 직유나 은유 등으로 사용한다는 의미는 아닙니다. 사실, 옷 입힌다는 표현보다는 '채운다filling' 내지 '육체를 부여한다incarnating'는 말이 더 적합할지도 모릅니다. 저를 포함해 대부분의 사람들이 신앙고백 때 사용하는 단어들의 속 내용은 전부 자연에서 얻은 것입니다. 자연은 제게, 영광과 무한한 위엄의 어떤 하나님이 존재함을 가르쳐 준 적이 없습니다. 그런 것에 대해서 저는 다른 데서 배워야 했습니다. 그러나 자연은 **영광**이라는 단어의 의미를 알게 해 주었습니다. 지금도 자연 이외에 달리 어디서 그 의미를 배울 수 있을지 의문입니다. 만일 제가 험한 산골짜기나 사람이 근접할 수 없는 험산險山을 본 적이 없었다면, 하나님을 '두려워(경외)한다'는 것이 그저 저차원적인 몸 움츠리기 이상의 의미를 갖지 못했을 것입니다. 또 만일 자연이 제 안에 어떤 갈망을 일깨워 주지 않았다면, 지금 제가 하나님에 대한 '사랑'이라고 부를 수 있는 막대한 부분도 존재할 수 없었을 것입니다.

물론 어떤 그리스도인이 이런 식으로 자연을 사용할 수 있다고 해서, 그것이 기독교 진리를 조금이라도 증명하는 것은 아닙니다. 암흑의 신들을 섬기는 이들도 마찬가지로 그들의 신조를 위해 자연을 그런 식으로 사용할 수 있습니다. 바로 이것이 요점입니다. 자연은 우리를 가르치지 않습니다. 진정한 철학이 자연에 대한 우리의 경험을 정당한 것으로 비준해 줄 수는 있습니다. 그러나 자연의 어떤 체험이 철학을 정당한 것으로 비준할 수는 없습니다. 자연은 (적어도 지금 우리가 생각하는 그런 방식으로는) 어떠한 신학적 · 형이상학적 명제도 입증하지 못합니다. 다만, 자연은 그런 명제들의 의미를 밝히는 데 도움이 될 뿐입니다.

그리고 자연이 그런 역할을 하는 것은, 기독교적 전제에 입각해 볼 때 결코 우연이 아닙니다. 피조물의 영광은 창조자uncreated의 영광을 가리켜 주는 힌트로 볼 수 있습니다. 왜냐하면 피조물은 창조자로부터 파생된 것으로서, 모종의 방식으로 창조자를 반영하기 때문입니다.

모종의 방식. 이는 아마 우리가 언뜻 생각하는 그런 직접적이고 간단한 방식은 아닐 것입니다. 왜냐하면 다른 학파의 자연 애호가들이 강조하는 점들 역시 모두 사실이기 때문입니다. 자연에는 숲 속의 앵초도 있지만 뱃속의 기생충도 있습니다. 이들을 서로 조화시키려 하거나 이 둘이 실제로는 서로 모순되지 않음을 설명하려는 노력 등은 (우리의 현 주제인) 자연에 대한 직접적 체험을 벗어나 형이상학이나 신정론 류의 차원으로 넘어가는 것입니다. 이 또한 해 볼 만한 일이지만, 아무튼 자연에 대한 사랑과는 구별되어야 합니다. 자연을 체험하는 단계에서 자연이 직접적으로 '말하는' 것이 뭔지 설명하는 중이라면, 이에 충실해야 합니다.

우리는 영광에 대한 어떤 이미지를 보았습니다. 그러나 그 이미지를 통해, 그리고 그 이미지를 넘어 우리를 하나님에 대한 점증하는 지식으로 직접 인도해 줄 어떤 길을 찾으려 해서는 안 됩니다. 그러기를 시도하면, 거의 즉시 그 길은 희미하게 사라져 버립니다. 공포와 신비, 하나님의 깊고 깊은 경륜, 우주의 얽히고설킨 역사가 그 길을 집어 삼켜 버립니다. 그 길을, 그런 식으로는 통과할 수 없습니다. **우회로**로 가야 합니다. 자연의 언덕과 숲을 떠나 우리의 서재로, 교회로, 성경으로, 골방으로 되돌아가야 합니다. 그렇지 않으면 자연에 대한 사랑은 일종의 종교가 되기 시작합니다. 그러면 그것은 우리를, 암흑의 신들까지는 아니더라도 엄청난 착각으로 인도할 것입니다.

그러나 자연에 대한 사랑—앞서 말한, 세련되고 좁은 의미에서의—을 폭로꾼들에게 넘길 필요는 없습니다. 자연은 자신이 일깨워 놓은 갈망들을 채워 주지 못하며, 신학적 질문들에 답해 주지도, 우리를 성화시켜 주지도 못합니다. 하나님께로 가는 참된 여정에는 끊임없이 자연에 등을 돌려야 하는 일이 포함되어 있습니다. 새벽녘 들판을 떠나 비좁은 예배당에 들어가거나 어느 빈민가 교회에 봉사하러 가는 일 말입니다. 물론 자연에 대한 사랑이 그 여정에서 하나의 유익한, 어떤 이들에게는 꼭 필요한 입문 역할을 하기도 합니다.

사실, 입문 이상의 역할입니다. 왜냐하면 자연에 대한 사랑에 그 이상의 역할을 허락하지 않는 사람들이야말로 여전히 그 사랑을 계속 붙잡고 있기 때문입니다. 이는 응당 예상할 수 있어야 합니다. 자연에 대한 사랑이 하나의 종교로 세워지면 신이 되기 시작하고, 따라서 악마가 되기 시작합니다. 그런데 악마는 결코 자신의 약속을 지키지 않습니다. 자연에 대한 사랑을 위해 살고자 하는 사람들에게 자연은 결국 '시들해집니다.' 콜리지 Samuel Taylor Coleridge는 결국 자연에 대해 무감각해지는 것으로, 워즈워스는 그 영광이 사라져 버렸음을 탄식하는 것으로 끝내고 말았습니다. 그러나 아침 일찍 정원에서, 이슬과 새와 꽃에 대한 관심은 단호히 끊고서 기도해 보십시오. 그러면 어느새 정원의 신선함과 기쁨에 압도된 채 떠나게 될 것입니다. 반면 그런 느낌을 얻을 목적으로 정원에 가 보십시오. 그러면 어느 정도 나이가 들고부터는 십중팔구 아무런 감흥도 얻지 못할 것입니다.

이제, 자기 나라에 대한 사랑을 살펴보고자 합니다. 여기서 굳이 드니 드 루즈몽의 격언까지 들출 필요가 없는 것은, 요즘 사람들이라면 누구나 이 사랑은 신이 되는 순간 악마가 된다는 사실을 너무도 잘 알고 있기 때문입니다. 그것이 원래부터 악마였던 게 아닌가 의심하는 사람들이 있을 정도입니다. 그러나 그들의 의심대로라면, 그간 인류가 이뤄 온 모든 고귀한 시의 절반, 모든 고귀한 행동의 절반을 부정할 수밖에 없습니다. 예루살렘을 보면서 우셨던 그리스도의 탄식도 내버려야 합니다.[12] 그리스도 역시 모국에 대한 사랑을 보여 주셨기 때문입니다.

먼저, 다룰 범위부터 정하겠습니다. 여기서 국제간 윤리를 논

---

12) 누가복음 13장 34절 참조.

할 필요는 없을 것입니다. 애국심이 악마적이 되면, 물론 여러 악한 행동을 낳습니다. 그러나 나라들 사이에서 무엇이 악한 행동인지는 저보다 전문가들이 더 잘 설명할 수 있을 것입니다. 여기서는 다만 그 감정 자체에 대해서만 생각하려 합니다. 그 감정의 순수한 상태와 악마적 상태를 구별할 수 있게 되기를 바라면서 말입니다. 사실 그 감정이 어떤 상태든지간에, 그 자체가 국가적 행위를 일으키는 실제 원인은 못 됩니다. 왜냐하면 엄밀히 말해 나라간 행동의 주체는 통치자들이지 국민이 아니기 때문입니다. 국민의 애국심이 악마적이라면 통치자가 악한 행동을 하기가 더 쉬울 것이고, 국민의 애국심이 건전하다면 통치자의 사악한 행동은 어려워질 것입니다. 악한 통치자들은 자신의 악을 묵인받기 위해 여러 선전을 통해 악마적 상태의 애국심을 부추길 것이고, 선한 통치자들이라면 정반대의 일을 할 것입니다. 이것이 바로 일반 국민들이 자신의 애국심이 건강한지 병들었는지를 늘 세심히 살펴야 하는 한 가지 이유입니다. 그리고 이것이 지금 제가 다루려는 주제입니다.

애국심이 얼마나 다면적인지는, 누구보다도 애국심을 왕성하게 칭송한 두 작가가 다름 아닌 키플링[13]과 체스터튼[14]이라는 사

---

13) Joseph Rudyard Kipling(1865-1936). 영국의 시인, 소설가. 영국 제국주의를 찬양하는 작품들로 유명. 1907년 노벨문학상을 수상했다.
14) G. K. Chesterton(1874-1936). 영국의 언론인, 비평가, 시인, 수필가, 소설가, 기독교 변증가. 대표작으로 《오소독시》(이글리오 역간)가 있다.

실만 봐도 알 수 있습니다. 만약 애국심이 하나의 요소로만 이루어졌다면, 결코 두 사람 모두 애국심을 칭송하는 일은 없었을 것입니다. 실제로 애국심은 다양한 형태의 혼합이 가능한 여러 요소들로 이루어져 있습니다.

우선, 고향과 자란 곳과 집이었던 몇몇 장소들, 또 그런 곳들과 지역적으로나 특성상 가까운 곳에 대한 사랑이 있습니다. 익숙하게 정든 것들, 친숙한 풍경이나 소리나 냄새에 대한 사랑도 마찬가지입니다. 우리(영국인)에게 이 사랑은 최대로 넓어 봐야 잉글랜드, 웨일스, 스코틀랜드, 얼스터에 대한 사랑이라는 점에 주목하십시오. 외국인들이나 정치인들만이 '영국Britain'을 말할 뿐입니다. "나는 나의 제국의 적들을 사랑하지 않는다"는 키플링의 말은 참으로 어이없습니다. **나의** 제국이라니요!

또, 장소에 대한 사랑과 더불어 삶의 방식에 대한 사랑이 있습니다. 맥주와 차와 난로에 대한 사랑, 칸막이 객실로 이어진 기차와 총을 차지 않은 경찰에 대한 사랑, 고향 사투리와 (그보다 약간 못하지만) 모국어에 대한 사랑 등이 그것입니다. 체스터튼이 말했듯이, 자기 나라가 이방인에게 지배당하기를 원치 않는 이유는 자기 집이 화재로 잿더미가 되는 것을 원치 않는 이유와도 매우 흡사합니다. 즉 두 경우 모두 감히 헤아려 볼 '엄두조차' 내지 못할 만큼 많은 것을 잃어버리는 일이기 때문입니다.

이러한 사랑을 정당하게 비난할 수 있는 관점을 찾기란 아마 어려울 것입니다. 가족애가 개인적 이기심을 넘어서게 해 주는 첫 번째 단계 역할을 하듯이, 이러한 사랑은 가족이기주의를 넘어서게 해 주는 첫 번째 단계가 됩니다. 물론 이러한 사랑이 순수한 자비charity는 아닙니다. 이는, 그리스도가 말씀하신 의미의 이웃 사랑이 아닌, 그저 지역적 의미의 이웃 사랑일 뿐입니다. 그러나 **여태껏** 보아 **온** 한동네 사람도 사랑하지 못하는 이에게, 본 적도 없는 '인류'를 사랑하는 수준까지는 꽤나 거리가 멀어 보입니다.

위의 경우를 포함해, 모든 자연적인 애정은 영적인 사랑과 라이벌이 될 수 있습니다. 그러나 또한 자연적인 애정은 영적인 사랑을 준비하는 모방, 훗날 신적 은총에 의해 고귀하게 사용될 (일종의) 영적 근력 훈련이라고 볼 수도 있습니다. 여성들이 어렸을 때는 인형을 돌봐 주다가, 나중에는 진짜 아기를 돌보게 되듯이 말입니다. 이런 사랑을 단념해야 할 상황도 있습니다. 오른쪽 눈을 뽑아내야 할 때가 있을 수 있다는 게지요.[15] 그러나 그러려면 먼저 뽑아낼 눈이 있어야 합니다. 애당초 눈이 없는 피조물—그저 빛을 감지하는 부위만 있을 뿐인 피조물—이라면 그 엄중한 말씀을 제대로 묵상할 수 없을 것입니다.

이런 류의 애국심은 물론 조금도 공격적이지 않습니다. 다만 방해받지 않기를 바랄 뿐입니다. 이 애국심은 자신이 사랑하는

---

15) 마태복음 5장 29절 참조.

것을 지켜야 할 때만 전투적이 됩니다. 미미하나마 이해력이 있는 사람이라면 이런 애국심으로 인해 외국인들에 대해 호의적인 태도를 갖게 됩니다. 내가 내 고향을 사랑하듯, 다른 사람들도 자신의 고향을 사랑할 권리가 있음을 어찌 모르겠습니까? 우리가 베이컨과 계란을 좋아하듯 프랑스인들은 까페 꽁쁠레café complet를 좋아한다는 것을 깨달은 이상, 그들이 마음껏 좋아하도록 내버려 두지 않을 이유가 어디 있겠습니까? 우리는 모든 곳을 고향처럼 만들려고 들지는 않습니다. 다른 곳과 차이점이 없다면 고향도 아무 의미가 없기 때문입니다.

두 번째 요소는, 자기 나라의 과거에 대한 특정한 태도입니다. 여기서 말하는 과거란, 대중의 상상 속에 스며 있는 과거, 조상들이 이루어낸 위대한 업적을 말합니다. "마라톤 평원Marathon 전투를 기억하라.""워털루Waterloo 전투를 기억하라.""셰익스피어가 사용했던 언어를 모국어로 가진 우리는 자유가 아니면 죽음을 원해야 한다." 이러한 과거는 어떤 의무감을 부여하는 동시에 자신감을 불어넣습니다. "조상들이 세워놓은 기준에 결코 못 미쳐서는 안 된다. 하지만 우리는 그들의 후손이기에 분명 그렇게 되지 않을 것이다."

이러한 감정은 앞서 언급한 고향에 대한 순수한 사랑만큼의 신임을 받지는 못합니다. 모든 나라들의 실제 역사는 시시하고 수치스러운 행위로 가득 차 있습니다. 만약 영웅담이 모범적인 예로 여겨질 경우, 이는 실제 역사에 대한 왜곡된 상을 가져오며 때때로 역사학적으로 혹독한 비평을 받곤 합니다. 따라서 자기 나라의 영광스러운 과거에 근거를 둔 이러한 애국심은 폭로꾼들의 아주 좋은 사냥감이 됩니다. 지식의 폭이 확장되어 가면서 그런 애국심은 환멸과 냉소로 돌변해 버리거나, 아니면 일부러 눈을 감아 버림으로써 억지로 유지되기도 합니다. 그러나 중요한 여러 순간에 많은 사람들이 훌륭하게 행동할 수 있도록 도와주는 그 애국심을 누가 비난할 수 있겠습니까?

저는 기만당하거나 우쭐해지지 않고서도, 과거에 대한 그런 이미지로부터 힘을 얻는 것이 가능하다고 봅니다. 그 이미지를 진지하고 조직적인 역사학으로 착각하거나 대체하는 바로 그 단계가 위험합니다. 그 이야기들은 그저 이야기로서 전해지고 받아들여질 때가 가장 좋습니다. 그러나 (어쨌거나 일부는 사실일 것이므로) 이를 단지 허구에 불과한 이야기들로 취급해야 한다는 말은 아닙니다. 아무튼 강조점은 그 이야기 자체에, 상상력을 자극하는 그 그림에, 의지를 북돋아 주는 그 본보기 자체에 있어야 합니다. 그런 이야기들을 듣는 초등학교 학생은—물론 말로 표현할 수 있을 만큼 명확하게는 아니지만—어렴풋하게나마, 지금 듣고 있는 것이 **전설**saga이라고 생각할 것입니다. 그들이 '제국을 이룩한 업적' 같은 책을, 이왕이면 '학교 밖에서' 읽으며 스릴을 느끼도록 놔 두십시오. 그러나 그것이 '국사 수업'과 뒤섞이거나 제국의 정책에 대한 어떤 진지한 분석으로—정당화된다면 더더욱 나쁘고—오해되지 않아야 하고, 그렇게 되지 않는 게 낫습니다.

어렸을 때 제게는 원색 그림으로 가득한 《우리 섬나라 이야기 Our Island Story》라는 책이 있었습니다. 제 생각에는 그 제목이 책 내용과도 썩 잘 어울리는 것 같았습니다. 또 그 책은 전혀 교과서처럼 보이지도 않았습니다. 정말로 해로운 것은, 뻔히 거짓되고 편향된, 영웅담에 불과한 이야기들을 교과서로 둔갑시켜 사뭇 진지하게 아이들에게 주입하는 것입니다. 물론 그렇게 주입해서 생긴 애국심은, 교육받은 성인이 되면 대개 사라지는 것이 보통이지만 말입니다. 그런 주입은 다른 나라에는 그런 영웅들이 없었을 것이라는 암묵적 억측이나, 말 그대로 우리가 어떤 전통을 '유전 받을' 수 있다는 믿음—엉터리 생물학인 게 분명한—등을 슬며시 끌어들일 수도 있습니다. 그러면 이는 거의 필연적으로 애국심이라고 부르는 다음의 세 번째 요소로 이어집니다.

이 세 번째는 한낱 감정이 아니라 신념입니다. 우리나라가 진실로 세상 모든 나라들보다 월등히 우월했고 또 지금도 그렇다고 확고하게, 에누리 없이 믿는 믿음입니다. 한번은 이런 종류의 애국심을 공공연히 피력하는 어떤 노老성직자에게 용기를 내어 물었습니다. "하지만 신부님, **다들** 자기 나라 남자들이 세상에서 가장 용감하고 자기 나라 여자들이 가장 아름답다고 생각지 않습니까?" 그랬더니 그분은 무척 진지한 어조로—제단에서 신경Creed을 외울 때도 그렇게 진지할 수는 없을 듯합니다—대답하는 것이었습니다. "하지만 영국은 참으로 그러합니다."

이런 확신을 갖고 사셨지만 그렇다고 그분이 생전에 어떤 악인이셨던 것은 물론 아닙니다(안식을 누리시기를!). 그분은 사랑스럽기 그지없는 나이 든 나귀ass(고집쟁이)였을 뿐입니다. 그러나 그런 확신은 발길질하고 물어뜯는 나귀를 만들어 낼 수도 있습니다. 심지어 광狂적으로 치달을 경우, 기독교와 과학이 공히 반대하는 통속적인 인종차별주의로 악화될 수도 있습니다.

이는 네 번째 요소로 연결됩니다. 자기 나라가 월등히 뛰어나다고 믿는 이들이라면, 자기 나라가 우월한 존재로서 다른 나라에 대해 갖는 권리나 의무를 주장하게 될 것입니다. 19세기에 영국은 그러한 의무를 깊이 인식했습니다. 이른바 '백인의 책무' 말입니다. 소위 **원주민들**natives은 피보호자였고, 우리는 자칭 그들의 보호자였습니다. 이는 순전히 위선만은 아니었습니다. 우리는 그들에게 얼마간 유익을 끼치기도 했습니다. 그러나 제국을 확장해 간 동기가 (혹은 식민지 관청Indian Civil Service에 취직한 영국 젊은이의 동기가) 주로 이타적이었다는 식으로 말하는 영국의 태도에 전 세계는 혐오감을 느꼈습니다. 어쨌거나 이는 우월감이 보여줄 수 있는 최선의 모습이었습니다. 그뿐 아니라 우월감을 가진 많은 나라들이 강조했던 바는 의무가 아니라 권리였습니다.

자기네에게는 열등한 민족의 씨를 말릴 권리가 있다고 생각한 나라들도 있었습니다. 선민인 자기들을 위해 어떤 민족을 나무

나 패고 물이나 길어 오는 종으로 전락시킨 나라도 있습니다.[16]
"개들은 그저 주인을 섬겨야 해"라는 식이었습니다. 이 두 가지
태도가 다 같은 수준이라고 말하는 것은 물론 아닙니다. 그러나
이 두 가지 모두 치명적인 태도입니다. 둘 다 자기네 활동 범위
가 '점점 더 넓어져야' 한다고 주장합니다. 그리고 둘 다 한 가
지 확실한 악의 표지를 갖고 있습니다. 그들은 흉악해져야만 비
로소 우스꽝스럽지 않을 수 있습니다. 인디언들Redskins과의
조약 파기, 태즈메이니아인Tasmanians[17] 절멸 사건, 가스실,
벨젠Belsen 수용소[18], 암릿차르Amritsar 학살 사건[19] 블랙앤탠
Black and Tans[20]이나 아파르트헤이트Apartheid[21]등이 없었다
면, 그 두 가지 거만한 태도는 모두 폭소를 자아내는 우스갯짓
에 지나지 않았을 것입니다.

　마지막으로는 애국심이 악마적이 되어 무의식적으로 자기를
부정해 버리는 단계가 있습니다. 체스터튼은 그 완벽한 예가 될
만한 문장을 키플링의 글에서 골라냈습니다. 사실 고향에 대한
사랑이 어떤 것인지를 너무도 잘 알았던—너무도 고독했던—키
플링에게 이는 불공정한 처사였습니다. 그러나 그 문장만 따로

---

16) 여호수아 9장 21절 참조.
17) 호주 원주민.
18) 제2차 세계대전 때 나치의 포로수용소.
19) 1919년 4월 13일 인도의 독립을 요구하며 시위를 벌이던 1만 명의 인도인들에게 영
　　국군이 무차별 사격을 가한 사건.
20) 아일랜드 게릴라군 진압을 위해 파견된 악명 높은 영국 군대 명칭.
21) 남아프리카공화국 백인 정권의 흑인에 대한 인종차별정책.

떼어놓고 보면, 이런 류의 애국심에 대한 좋은 요약이 될 수 있습니다.

> 만일 지금 보이는 것이 영국의 본모습이라면,
> 우리는 영국을 버릴 것이다.
> 그러나 이 모습이 영국은 아니다!

 사랑은 결코 이런 식으로 말하지 않습니다. 이는 마치 아이가 '착하게 굴어야만' 사랑하고, 아내가 미모를 유지해야만 사랑하고, 남편이 유명하고 성공해야만 사랑하는 것과 같습니다. "사람이 자기 도시를 사랑하는 것은, 그곳이 위대하기 때문이 아니라 단지 자기 도시이기 때문이다"라고 어떤 그리스인이 말한 바 있습니다. 정말로 자기 나라를 사랑하는 사람이라면 나라가 몰락하거나 퇴락한다 해도 여전히 사랑할 것입니다―"영국이여, 네 모든 결점에도 불구하고 나는 여전히 너를 사랑하노라." 그에게 자기 나라는 "아무리 보잘것없어도 나의 나라"입니다. 그는, 사실이 아니라 해도, 자기 나라를 좋고 위대한 나라로 생각합니다. 왜냐하면 자기 나라를 사랑하기 때문입니다. 도를 넘지 않는 이상, 이는 용서받을 수 있는 망상입니다. 그러나 키플링의 병사는 이를 뒤집습니다. 그는 자기 나라를 좋고 위대한 나라로 생각하기에, 그 장점 때문에 비로소 사랑합니다. 그에게 자기 나라는 일종의 잘나가는 회사이고, 거기서 일한다는 것이 그를 우쭐하게 해 줍니다. 만일 회사가 망한다면 어떨까요? 그의 대답은 분명합니다. "재빨리 버릴 것이다." 배가 가라앉기 시작하면 그는 여지없이 그 배를 버릴 것입니다. 이렇듯 북소리와 깃발에 한껏 우쭐해져 시작된 그런 류의 애국심은 결국 비시Vichy 정부[22]로 가는 첫걸음이 될 수도 있습니다. 이는 앞으로 거듭해서 만나게 될 현상입니다. 자연적 사랑이 무법적인 상태가 되면, 단순히 다른 사랑에 해를 끼치는 것으로 끝나지 않습니다. 예전 사랑의 모습을 멈추고, 이제는 전혀 사랑이 아닌 것이 되어 버립니다.

이렇게 애국심에는 여러 가지 얼굴이 있습니다. 애국심 자체를 완전히 거부하는 사람들도 있지만, 그럴 경우 다른 무엇이 그 자리를 대신할지는—이미 그러기 시작하고 있다는 사실은—생각해 보지 않은 것 같습니다. 지금도 그렇거니와, 아마 영원히 나라들 간에는 갈등이 있을 것입니다. 통치자들은 어떻게든 국민을 분기시켜 나라를 지키도록, 수호태세를 갖추도록 할 수밖에 없습니다. 그런데 애국적 정서가 무너진 곳에서 이런 일을 해 나가려면, 통치자가 국민의 윤리의식에 호소함으로써만 가능합니다. 만일 사람들이 '조국'을 위해 땀과 피를 흘리려 하지 않는다면, 통치자는 국민에게 그들의 땀과 피가 정의나 문명이나 인류를 위한 것이라고 설득하는 수밖에 없습니다. 이는 한

---

22) 나치 점령하 프랑스 비시에 세워졌던 친독 허수아비 정부.

단계 퇴보이지 발전이 아닙니다.

물론 애국적 정서라고 해서 반드시 윤리와 무관한 것은 아닙니다. 훌륭한 사람들은 자기 나라의 대의가 옳다는 확신을 가져야만 싸울 수 있었습니다. 그러나 어쨌거나 그들은 자기 나라를 위해 싸웠지, 정의 자체를 위해 싸운 것은 아닙니다. 저는 이 차이를 중요하게 생각합니다. 저는 저의 집에 침입하는 강도를 무력으로 물리치는 것을 옳다고 생각하며, 이는 아무런 자기의 自己義나 위선이 아닐 것입니다. 그러나 만일 제가 강도를 때려 눕힌 것을 순전히 도덕적 대의를 위한 행동이라는 식으로—그 집이 저의 집이라는 사실과는 무관하다는 식으로—말한다면 사람들 비위에 거슬릴 것입니다. 마찬가지로 영국의 대의가 옳기에 그 이유만으로 우리가 영국편이라는 구실—돈키호테식 중립—은 그럴싸한 거짓입니다. 그런 난센스에는 악이 뒤따라 나옵니다. 만일 우리나라의 대의가 곧 하나님의 대의라면, 우리의 전쟁은 상대를 멸절시켜야 하는 전쟁일 수밖에 없습니다. 이는 지극히 세속적인 것에 그릇된 초월성이 부여되는 격입니다.

옛 애국 정서의 높이 살 만한 점은, 그 정서가 사람들을 전력투구하게 만들었음에도 여전히 그 감정 이상 나아가지 않았다는 데 있습니다. 즉, 성전聖戰을 가장하지 않고서도 전쟁은 영웅적으로 치러졌습니다. 영웅의 죽음이 순교자의 죽음과 혼동되지 않았습니다. 전쟁 시에는 더없이 심각해지던 그 정서가, 평화 시에는 모든 행복한 사랑이 그렇듯 (유쾌하게도) 자신을 가볍게 여길 줄도 알았습니다. 스스로를 우스워할 줄도 알았습니다. 나중에 지어진 노래들이 마치 찬송가처럼 들리는 반면에, 옛날의 애국적인 노래들은 (유치하지만 우리의 심금을 울려) 눈가에 눈물 방울이 맺히지 않고서는 따라 부를 수 없었습니다. 그러니 제가 좋아하는 곡은 '희망과 영광의 나라여!' 같은 노래가 아니라 '영국의 병사여!' 같은 노래입니다.

아마 여러분은 지금까지 여러 요소들을 통해 살펴본 이 사랑의 대상이 꼭 자기 나라가 아닐 수도 있다는 점을 눈치 채셨을 것입니다. 자기 학교, 자기 부대, 자기 가문, 자기 학급 등도 이런 사랑의 대상이 될 수 있습니다. 어떤 경우든 마찬가지로 동일한 비판이 적용됩니다. 심지어 어떤 교파 또는 교파 내의 분파나 어떤 종단宗團같이, 자연적 애정 이상을 요구하는 조직체들에 대해서도 우리는 이런 종류의 사랑을 느낄 수 있습니다. 이러한 끔찍한 주제를 다루자면 그것만으로도 책 한 권 분량일 것입니다. 여기서는 다만, 교회는 천상적 사회이면서 동시에 지상적 사회이기도 하다는 점만 짚고 넘어가겠습니다. 지상의 사회에 대한 우리의 (단지 자연적인) 애국심은 아주 쉽사리 천상 사회의 탁월한 주장들을 빌어 와서는 자신의 가장 혐오스런 행동들을 정당화하는 데 이용해 먹습니다. 제가 쓸 생각은 없지만, 꼭 나와야 할 책이 하나 있다면, 그간 인류가 행한 모든 잔학하고 배신적인 행위 가운데 기독교 사회가 구체적으로 가담한 부분에 대해서 기독교계의 철저한 참회를 담은 책입니다. 우리가 과거의 그런 부분과 공개적으로 절교하지 않는 한, '세상'은 우리에게 귀 기울이려 하지 않을 것입니다. 어찌 귀를 기울이겠습니까? 그리스도의 이름을 외치면서도 실제로는 몰록Moloch을 섬겨왔으니 말입니다.

동물에 대한 사랑을 언급하지 않고 이 장을 마친다면 의아히 여기는 분들이 있을 것입니다. 그러나 그 사랑은 다음 장에서 다루는 게 낫다고 생각합니다. 동물이 비인격적 존재인지 아닌지의 문제는 차치하더라도, 어쨌거나 동물이 비인격적인 존재로서 사랑을 받는 것은 아니기 때문입니다. 동물에 대한 사랑에는, 망상이든 아니든 그들의 인격성이 전제되어 있으며 그렇기에 그 사랑은 사실상 다음 장의 주제인 애정의 한 갈래입니다.

3

애 정

애정은 우리의 삶에 살금살금 기어들어와 서서히 퍼집니다. 그러고는 수수하고 편한 옷들, 온갖 개인적인 것들과 더불어 삽니다. 부드러운 실내화, 낡은 옷가지, 오래된 농담, 부엌 바닥에서 졸고 있는 개의 꼬리를 밟는 일, 재봉틀 소리, 잔디밭에 뒹굴고 있는 도깨비 인형 따위와 말입니다.

저는 사랑 중에서도 가장 수수하고 가장 널리 퍼져 있는 사랑, 사람에게서나 동물에게서나 별반 차이가 없어 보이는 사랑에서부터 시작하려고 합니다. 그러나 그런 이유로 제가 이 사랑을 낮게 평가하지 않는다는 점도 덧붙여 말씀드립니다. 단순히 동물과 공유한다고 해서, 인간의 어떤 점이 나쁘다거나 혹은 좋다고 말할 것은 못 됩니다. 어떤 사람에게 "완전 동물이구만"이라 욕할 때, 이는 그가 동물적 특성을 지녔다는 의미가 아니라 (우리들 모두 그런 특성을 가졌기에) 인간적인 특성을 보여야 할 상황에서도 동물적인 특성을 (혹은 단지 그런 특성만) 보인다는 뜻입니다. (우리는 잔인한 짓을 저지르는 사람을 '짐승 같다'고 말하지만, 사실 진짜 짐승들은 대부분 그런 짓을 저지를 줄 모릅니다. 그런 짓을 저지를 만큼 영특하지 않기 때문입니다.)

그리스인들은 이 사랑을 **스토르게**_storge_라고 불렀습니다. 여기서는 그저 애정Affection이라고 부를 생각입니다. 헬라어 사전에는 **스토르게**를 '애정, 특히 자식에 대한 부모의 애정'이라고 정의합니다. 물론 부모에 대한 자식의 애정도 포함됩니다. 그리고 분명 이런 애정이 그 단어의 중심 의미일 뿐 아니라 원형이었을 것입니다. 따라서 우리가 출발점으로 삼아야 하는 이미지는, 아기를 보살피는 어머니 모습입니다. 보금자리에서 새끼들을 품고 있는 암캐나 어미 고양이 모습, 서로 비벼대고 찍찍거리고 그르렁거리고 핥고 옹알대는 새끼들의 모습, 젖이나 따스한 어미 품이나 젖비린내 같은 것들 말입니다.

이러한 이미지의 중요성은 그것이 처음부터 우리에게 어떤 역설을 보여 준다는 데 있습니다. 자식의 사랑이 필요의 사랑이라는 점은 분명합니다. 어머니의 사랑이 선물의 사랑이라는 점도 그렇습니다. 어머니는 자식에게 출생을 부여하며, 젖을 물리고, 보호해 줍니다. 그러나 또 한편, 태아를 출산하지 않으면 자신이 죽게 됩니다. 아이에게 젖을 물리지 않으면 자신이 고통받게 됩니다. 이렇게 보면 어머니의 애정 역시 필요의 사랑입니다. 여기에 역설이 있습니다. 어머니의 사랑은 필요의 사랑이지만, 그 필요는 무언가를 주어야 하는 필요입니다. 그것은 선물의 사랑이지만, 그 대상의 필요를 필요로 하는 사랑입니다. 이 역설에 대해서는 뒤에 가서 다시 살펴보게 될 것입니다.

그러나 인간의 삶에서는 말할 것도 없고, 동물의 삶에서도 애정은 그 범위가 어머니-자식 관계를 훨씬 넘어섭니다. 따뜻하게 품에 안으며 흡족해하는 이 애정은 온갖 것이 다 대상이 됩니다. 이는 실로 모든 사랑 중에서 차별이 가장 적은 사랑입니다. 우리 눈에 구애자가 별로 없을 것 같은 여성들, 친구가 별로 없을 것 같은 남자들이 있습니다. 매력이 전혀 없는 사람들 말입니다. 그러나 애정의 대상은 어느 누구라도 될 수 있습니다. 못생긴 사람, 멍청한 사람, 심지어 분통 터지게 하는 사람까지도 말입니다. 애정으로 관계 맺기 위해서 반드시 서로 걸맞아야 할 필요는 없습니다. 저는 지능이 낮은 사람에 대해 부모뿐 아니라 그의 형제들까지도 애정을 가지는 것을 본 적이 있습니다. 애정은 나이, 성, 계급, 교육의 장벽을 뛰어넘습니다. 애정은 대학 나온 똑똑한 젊은이와 나이 든 보모 사이에도 가능합니다. 비록 지성면에선 서로 별개의 세계에 속해 있더라도 말입니다. 애정은 종種의 장벽도 뛰어넘습니다. 개와 사람 사이에서도 애정이 발견될 뿐 아니라, 더욱 놀랍기는 개와 고양이 사이에서도 발견됩니다. 길버트 화이트Gilbert White[23]는 말과 암탉 사이에서도 애정을 발견한 바 있다고 주장합니다.

이를 잘 포착해 낸 소설가들이 있습니다. 《트리스트럼 샌디 *Tristram Shandy*》[24]에 나오는 '나의 아버지'와 토비 삼촌은 관

---

23) 1720-1793. 영국의 생태학자, 성직자.
24) 영국 작가 로렌스 스턴Laurence Sterne의 희극적 소설. 샌디의 부모가 샌디를 잉태하는 묘사로 이야기가 시작된다.

심사나 생각이 어찌나 다른지 서로 딴소리만 하느라 10분도 제대로 대화를 나눌 수 없지만, 그 둘 사이에 흐르는 깊은 애정을 감지할 수 있습니다. 돈키호테Don Quixote와 산초 판자Sancho Panza, 피크위크Pickwick와 샘 웰러Sam Weller[25], 딕 스위벨러Dick Swiveller와 그 후작부인[26] 등도 그렇습니다. 저자가 의도한 바는 아니었던 듯하지만, 《버드나무에 부는 바람*The Wind in the Willows*》에서도 4총사 모울Mole · 래트Rat · 배저Badger · 토드Toad는, 애정이 얼마나 이질적인 것들까지도 서로 하나로 묶어 줄 수 있는지를 잘 보여 줍니다.

그러나 애정에도 나름의 기준이 있습니다. 애정의 대상은 반드시 친숙한 것이어야 합니다. 간혹 우리는 사랑에 빠진 날이나 새로운 우정이 시작된 시간을 정확히 꼬집어낼 수는 있습니다. 그러나 애정의 시작을 그런 식으로 집어낼 수 있을지는 의문입니다. 우리가 애정을 인식하게 되었다면, 그것은 이미 꽤 진행된 애정을 알아차린 것에 불과합니다. 애정의 표현으로 '오래된'이라는 말을 사용한다는 점도 의미심장합니다. 개는 자기에게 한 번도 해코지하지 않았다 해도 낯선 사람을 보면 무조건 짖어대고, 한 번도 좋은 응답을 받아본 적 없어도 익히 눈에 익은 사람에게는 늘 꼬리를 흔들어댑니다. 아이는 자기에게 눈

---

25) 찰스 디킨스의 작품 《피크위크 클럽의 기록*Pickwick Papers*》에 나오는 주인과 하인.
26) 찰스 디킨스의 작품 《골동품 가게*The Old Curiosity Shop*》의 등장인물들.

길 한 번 안 주는 무뚝뚝한 정원사 할아버지는 사랑하면서, 아이의 환심을 사려고 온갖 애를 다 쓰는 방문객은 피하려고만 합니다. 물론 이때 그 정원사는 '언제나' 자기 집에 있던 **오래된** 정원사여야 합니다. 실제로는 얼마 안 되었을지 몰라도, 어린 시절에는 아득한 옛날이라고 여겨지는 그 '언제나' 말입니다.

앞서 말했듯이, 애정은 가장 수수한 사랑입니다. 애정은 전혀 으스대지 않습니다. 사람들은 '사랑에 빠진' 상태나 우정에 대해 뻐길 수 있습니다. 그러나 애정은 겸손하여 슬쩍 숨기도 하고 수줍은 얼굴을 하기도 합니다.

한번은 친구에게 고양이와 개 사이에도 애정이 생기는 경우가 꽤 있다고 말하자, 그는 이렇게 대답했습니다. "맞아. 하지만 확신하건대, 다른 개들에게 그걸 고백하는 개는 없을걸." 이는 인간의 애정에 대한 좋은 풍자입니다. "수수한homely 얼굴은 그대로 집home에 있게 하라"고 코머스Comus[27]는 말합니다. 정말이지, 애정은 매우 수수한 얼굴을 하고 있습니다. 우리가 애정을 갖는 많은 이들도 그렇습니다. 우리가 그들을 사랑하는 것이 우리의 고상함이나 안목을 증명해 주는 것은 아닙니다. 그들이 우리를 사랑하는 것도 마찬가지입니다. 앞서 설명했던 감상의 사랑이 애정에서는 기본 요소가 아닙니다. 애정으로 맺어

---

27) 밀턴의 가면극 〈코머스 *Comus*〉의 주인공. 로마 신화에 나오는 바커스와 키르케의 아들로, 순결한 처녀를 유혹하는 마술사로 나온다.

진 관계에서 상대방에 대한 칭찬은, 대개 그 사람이 자리에 없을 때나 그의 사후에 이루어집니다. 우리는 그들을 특별하지 않은 사람으로 여깁니다. 이렇게 상대를 특별하지 않게 여기는 태도는 에로스의 경우에는 모욕이 되겠지만, 애정의 경우에는 어느 정도 옳고 타당합니다. 이는 편안하고도 조용한 그 감정의 성격에 걸맞기 때문입니다. 만일 애정을 요란스럽고 빈번하게 표현한다면, 이는 애정이 아닐 것입니다.

애정을 공중 앞에서 표현하는 것은 마치 이사할 때 가구들을 바깥에 내놓는 것과 같습니다. 집안에 있을 때는 보기 좋았던 가구들도, 햇볕에 내놓으면 왠지 볼품없고 싸구려처럼 보이거나 우스꽝스러워 보입니다. 애정은 우리의 삶에 살금살금 기어들어와 서서히 퍼집니다. 그러고는 수수하고 편한 옷들, 온갖 개인적인 것들과 더불어 삽니다. 부드러운 실내화, 낡은 옷가지, 오래된 농담, 부엌 바닥에서 졸고 있던 개의 꼬리를 밟는 일, 재봉틀 소리, 잔디밭에 뒹굴고 있는 도깨비 인형 따위와 말입니다.

여기서 즉시 정정해야 할 것이 있습니다. 지금까지의 언급은 애정이 다른 사랑과는 별개로 존재할 때에 관한 것입니다. 애정이 그처럼 별개로 존재할 때도 많지만, 그렇지 않을 때도 많습니다. 진이 그 자체로도 술이지만 다른 많은 혼합주의 기초가 되기도 하듯이, 애정은 그 자체로도 사랑이지만 다른 사랑 속에 들어가 그 사랑을 속속들이 물들여서 일상에서도 그 사랑이 작용하도록 돕는 매개체가 됩니다. 다른 사랑은 애정과 섞일 때

비로소 제 맛이 온전히 보존되는 것 같습니다.

우정과 애정은 서로 다릅니다. 하지만 친구가 아주 오랜 사이가 되다 보면, 본래 우정과는 별 상관없었던 그의 여러 면들까지 친근하고 더없이 소중해집니다. 에로스도 마찬가지입니다. 저는, 아무리 짧은 순간이라 해도, 애정이라는 소박한 옷 없이 에로스를 경험하는 것보다 더 거북한 일이 세상에 또 있을까 싶습니다. 그것은 너무 천사적이거나 또는 심히 동물적이어서, 혹은 번갈아 가며 그 둘 모두여서 불편한 상태일 것입니다. 사람에게는 너무 숭고하거나, 아니면 너무 하찮을 것입니다. 때론 감상의 사랑이 잠들고, 주위는 그저 편안하고도 일상적인 (혼자가 아닌데도 혼자 있을 때처럼 자유로운) 분위기가 감싸는 그런 독특한 매력의 순간이 있습니다. 그런 순간에는 말이 필요 없습니다. 사랑을 표현할 필요도 없습니다. 이따금씩 화로를 휘저어 주는 일말고는 아마 아무것도 필요치 않을 것입니다.

이렇듯 사랑이 서로 섞이고 겹치기도 한다는 사실은, 거의 모든 시대 대부분의 나라에서 키스가 이 세 가지 사랑 모두의 공통된 표현이었다는 점을 통해서도 알 수 있습니다. 오늘날 영국에서 우정은 더 이상 키스를 사용하지 않지만, 애정과 에로스는 지금도 사용하고 있습니다. 키스는 그 두 가지 사랑 모두에 깊이 속해 있어서, 둘 중 어느 쪽이 차용한 것인지, 아니 차용 자체가 있었는지조차 알 수 없습니다. 분명, 애정의 키스와 에로스의 키스는 다르지 않으냐고 말하는 분들이 있을 것입니다. 그렇습니다. 하지만 연인 사이의 키스가 다 연인의 키스는 아닙니다.

또 이 두 사랑은 모두 '어린애 말투'를—많은 현대인들은 당혹스럽게 여깁니다만—사용한다는 공통된 경향이 있기도 합니다. 그리고 이는 인간에 국한된 특징도 아닙니다. 로렌쯔 교수[28]에 따르면, 갈가마귀들도 발정기가 되면 "그때만은 어른 갈가마귀도 어린 갈가마귀 소리를 내며" 상대를 부른다고 합니다(《솔로몬 왕의 반지 *King Solomon's Ring*》, 158쪽). 인간이나 새들이나 이유는 동일합니다. 종류는 다르나 여하튼 둘 다 같은 다정함이며, 우리가 기억하는 가장 초기의 다정함의 언어를 다시 불러내어 새로운 종류의 다정함을 표현하는 데 사용하는 것입니다.

애정이 만들어 내는 아주 특기할 만한 부산물 하나가 아직 소개되지 않았습니다. 앞에서 말씀드린 바, 애정에서는 감상의 사랑이 주된 요소가 아닙니다. 즉, 애정은 차별적이지 않습니다. 애정은 전혀 안 맞을 것 같은 사람들도 '서로 잘 지내게' 해 줍니다. 그런데 신기하게도, 이는 결국 **애정이 원래는 불가능했던** 감상을 가능하게 해 준다는 의미입니다.

흔히 우리는 친구나 연인을 어떤 탁월성—아름다움, 솔직함, 선한 마음씨, 위트, 지성 등—때문에 선택했다고 **말합니다. 일리가 없는 말은 아닙니다.** 그러나 사실상 우리는 어떤 특별한

---

28) Konrad Lorenz(1903–1989). 오스트리아의 동물학자. 현대 동물행동학 ethology의 창시자. 1973년 노벨상 수상.

위트나 아름다움이나 선을 좋아했던 것이고, 이는 다분히 개인적 취향의 문제입니다. 이것이 바로 친구들과 연인들이 서로 '잘 맞는다'고 느끼는 이유입니다.

그런데 애정이 가진 탁월성은 정말 심하게, 심지어는 코믹할 정도로 서로 맞지 않는 사람들까지도 어우러지게 한다는 데 있습니다. 운명에 의해 하는 수 없이 가족이나 이웃으로 묶이지 않았다면 전혀 관계 맺지 않았을 그런 사람들까지 말입니다. 그들 사이에 애정이 자라날 경우(물론 그렇지 않을 수도 있습니다만) 이제 그들의 눈은 열리기 시작합니다. 처음엔 그저 '정이 들어 old so-and-so' 좋아하게 되지만, 어느 순간 마침내 '그이 속에 있는 무언가'를 알아보기 시작합니다. 처음으로 어떤 사람에 대해, "그가 '내 스타일'은 아니지만 그래도 '나름으로' 좋은 사람이야"라고 진심으로 말하게 되는 그때는 실로 해방의 순간입니다. 그걸 해방의 순간이라고는 느끼지 못하겠지만 말입니다. 그저 마음 한 번 넓게 먹었을 뿐이라고 느낄 것입니다. 그러나 실제로는 어떤 경계를 건넌 것입니다. 그 '나름으로'라는 말은, 지금 자신의 취향을 넘어서고 있음을, 선이나 지성 등이 내 입맛에 맞게 요리되고 차려지지 않았더라도 그 자체로서 감상하기(진가를 알아보기)를 배우고 있음을 뜻합니다.

"개와 고양이는 함께 길러야 한다"고 말한 사람이 있습니다. "그러면 그들의 마음이 넓어진다"는 것입니다. 애정은 우리의 마음을 넓혀 줍니다. 자연적 사랑 중에서 애정이 가장 보편적이고, 가장 덜 까다로우며, 가장 폭이 넓은 사랑입니다. 이런 관점에서 보면, 같은 가족·대학·부대·배·종교 모임 등에서 만나 본의 아니게 알고 지내는 사람들은 우리가 스스로 사귄 친구들—수가 아무리 많더라도—보다 더 폭넓은 교제권입니다. 제게 아무리 친구가 많다고 한들, 그것이 저에게 탁월한 인간성을 보는 높은 안목이 있음을 증명해 주지는 않습니다. 제 서재의 책 전부를 좋아한다는 사실이 저의 폭넓은 독서 취향을 증명해 주지는 않는 것과 같습니다. 두 경우 모두, 동일한 반응이 나올 것입니다. "그 책들은 모두 당신이 선택한 것입니다. 그 친구들은 모두 당신이 선택한 이들입니다. 그러니 당신 마음에 드는 것은 당연하지요." 정말로 독서 취향이 넓은 사람은, 어느 중고 서점에서든 바깥에 깔려 있는 6페니짜리 책들 속에서도 자신이 찾던 책을 발견할 수 있는 사람입니다.

마찬가지로 인간성에 대해 정말로 높은 안목이 있는 사람은, 매일 부딪히는 다양한 사람들 모두에게서 자신이 높이 평가할 그 무언가를 발견해내는 사람입니다. 제 경험으로 볼 때, 이러한 취향과 안목을 생기게 해 주는 것이 바로 애정입니다. 애정은 '본의 아니게' 알고 지내게 된 사람들을 주목하고 참아 주고 그들을 향해 미소 짓고 좋아하게 합니다. 그리하여 결국 그들의 진가를 알아보게 해 줍니다. 그들이 우리와 잘 맞느냐고요? 감사하게도, 그렇지 않습니다. 그들은 다만 그들 자신—우리가 생각하는 것 이상으로 독특하고, 짐작했던 것 훨씬 이상으로 훌륭한—일 뿐입니다.

이제 우리는 위험한 지점으로 다가서게 됩니다. 전에도 얘기했듯, 애정은 전혀 으스대지 않습니다. 그런데 사도 바울이 말한 대로, 자비 역시 우쭐거리지 않습니다. 애정은 매력 없는 대상도 사랑할 수 있습니다. 하나님은 사랑스럽지 못한 것도 사랑합니다. 애정은 '너무 많은 것을 기대하지 않으며', 결점을 눈감아 주며, 다툼 후에도 쉽게 되살아납니다. 자비 역시 오래 참고 친절하며 기꺼이 용서해 줍니다. 애정은 미처 알아보지 못했던 선을 볼 수 있도록 우리의 눈을 열어 줍니다. 겸손하고 거룩한 사랑 역시 그렇습니다. 그래서 이러한 유사성에 대해서만 생각하다 보면, 결국 애정을 단순히 자연적 사랑의 하나가 아니라 사람의 마음속에서 율법을 완성시켜 주는 사랑 자체이신 분의 사랑으로, 곧 하나님으로 믿게 될 수 있습니다.

그렇다면 결국 빅토리아 시대 소설가들의 말이 옳았던 것입니까? (애정이라는) 사랑만 있다면 정말 충분하단 말입니까? 최고로 만개한 '가족간의 애정'은 과연 기독교 사랑과 동일하다는 말입니까? 이 모든 질문에 대한 저의 대답은 "절대 그렇지 않다"입니다.

제 말은 단순히, 그 소설가들이 아내와 어머니와 자기 생명을 '미워하라'는 말씀[29]을 무시했다는 뜻이 아닙니다. 물론 그들은

---

29) 누가복음 14장 26절 참조.

무시했습니다. 그리스도인이라면, 자연적 사랑과 하나님의 사랑이 서로 라이벌 관계라는 사실을 결코 잊어서는 안 됨에도 불구하고 말입니다. 하나님은 그야말로 위대한 맞수the great Rival 이시며, 인간적 질투의 궁극적인 대상이십니다. 하나님은 언제라도 나에게서 아내나 남편이나 딸의 마음을 훔쳐가 버릴지 모를, 마치 고르곤Gorgon[30]과 같은 무시무시한 아름다움을 지녔기 때문입니다. 불신자들의 적의는, 실은 이 때문일 경우가 많습니다. 비록 그들 자신은 반反교권주의나 미신에 대한 증오 때문이라고 믿고 있지만 말입니다. 그러나 이에 대해서는 나중에 다룰 기회가 있을 것입니다. 제가 지금 제기하려는 것은 더 실제적인 문제입니다.

생각해 보십시오. 과연 빅토리아 시대 소설가들이 말하는 '행복한 가정'이 실제로 얼마나 존재할까요? 또 불행한 가정이 불행한 것은 모두 애정이 없기 때문일까요? 저는 그렇게 생각하지 않습니다. 애정이 있지만, 오히려 애정 때문에 불행해질 수도 있습니다. 애정의 특징은 대부분 양면성을 지니고 있습니다. 그것은 좋은 결과를 낳을 수도, 나쁜 결과를 낳을 수도 있습니다. 제멋대로 방치될 경우, 애정은 오히려 인간의 삶을 어둡고 저급하게 만들 수도 있습니다. 그간 폭로꾼들과 반反감상주의자들이 애정에 대해 해 온 말들이 진실의 전부는 아니지만 모두 그

---

30) 그리스 신화에 나오는, 뱀으로 된 머리카락을 지닌 여자 괴물.

자체로서는 옳은 말들입니다.

애정을 소재로 한 대중가요나 시의 달착지근한 감성에 역겨움을 느끼는 것이 이에 대한 방증입니다. 그런 것이 역겨운 이유는 그 허위성 때문입니다. 실상 하나의 기회에 불과한 애정을, 마치 행복(심지어 선)을 위해 미리 마련된 처방전인 양 말하기 때문입니다. 우리의 노력이 필요하다는 점은 전혀 암시조차 하지 않습니다. 그저 애정이라는 따뜻한 목욕물에 온몸을 담그기만 하면 만사가 풀린다는 식으로 말합니다.

앞에서 보았듯이, 애정은 필요의 사랑이기도 하고 선물의 사랑이기도 합니다. 먼저 그 필요, 즉 타인의 애정을 갈망하는 면부터 살펴보겠습니다.

사랑에 대한 모든 갈망 중 애정에 대한 갈망이 가장 분별없어지기 쉬운데, 그 이유는 분명합니다. 앞에서 저는 사람은 거의누구나 애정의 대상이 될 수 있다고 말한 바 있습니다. 그렇습니다. 그래서 사람은 누구나 자신이 애정의 대상이기를 기대합니다.

《모든 육체의 길*The Way of all Flesh*》에 나오는 그 고약한폰티펙스Pontifex 씨 같은 사람도 아들이 자기를 사랑하지 않는다는 사실을 알고는 경악을 금치 못했습니다. 자녀가 자기 아버지를 사랑하지 않는 것은 '비정상적unnatural'인 일이라 여겼기 때문입니다. 과연 자신이, 그간 아들이 사랑을 느낄 만한행동이나 말을 한 적이 있었는지는 전혀 생각해 보지도 않고서 말입니다.

마찬가지로 《리어 왕 *King Lear*》 서두에서도, 왕은 사랑스러운 구석이 전혀 없으면서 게걸스럽게 애정을 탐하는 노인네로 나옵니다. 이렇게 문학작품 중에서 예를 드는 이유는 독자 여러분과 제가 같은 동네에 살고 있지 않기 때문입니다. 만일 같은 동네 사람이라면, 유감스럽긴 하겠지만 저는 얼마든지 우리가 함께 아는 실존 인물을 예로 들었을 것입니다. 이런 현상은 우리 주변에서 늘상 일어납니다. 그리고 그 이유는 간단합니다. 에로스 사랑이나 우정은, 그런 사랑을 받으려면 자격까지는 아니더라도 매력을 갖추기 위해 무언가 노력해야 한다는 것을 알고 있습니다. 그러나 애정은 마치 이미 준비되어서 자연히 주어지는, '붙박이로 되어 있는', '이미 마련된', '딸려 오는' 어떤 것으로 인식될 때가 많습니다. 우리는 애정의 수혜를 당연한 권리로 생각합니다. 그래서 주위 사람들이 애정을 베풀지 않으면, 그들을 '비정상적'이라고 생각합니다.

물론 애정에 대한 이런 식의 억지는 진리를 왜곡한 것입니다. 많은 것들이 '이미 붙박이로 되어' 있습니다. 우리는 포유류이기에, 본능이 우리 모성애의 일부와, 때로는 상당 부분까지 감당해 주고 있습니다. 또한 우리는 사회적 동물이기에, 순조롭기만 하다면 친밀한 공동생활은 자질이 탁월하지 않은 대상들에 대해서도 애정이 생겨나 커질 수 있는 좋은 **환경** *milieu*이 되어 줍니다. 그러므로 만일 우리가 애정을 받는다면, 이는 꼭 우리에게 자격이 있기 때문이 아닐 수 있습니다. 별 수고 없이 애정을 얻는 것일 수 있습니다. 그러나 이러한 진리(많은 이들이 그들의 자격 훨씬 이상으로 애정을 받고 있다는)를 어설프게 인식한 폰티펙스 씨는, 어이없게도 "그러니까 나는, 자격은 없지만 애정을 받을 권리가 있다"는 결론을 이끌어 낸 것입니다. 이를 좀더 높은 수준의 문제에 적용해 보자면, 마치 "하나님의 은총을 받을 자격이 있는 사람은 아무도 없기에 나 역시 자격은 없지만 받을 권리가 있다"고 주장하는 것과 같습니다.

그러나 두 경우 모두, 권리를 따지는 것 자체가 문제의 본질을 벗어난 것입니다. 가까운 사람들이 우리를 사랑해 주는 것은, '당연히 기대할 수 있는' 일이 아니라 '기대해 봄직한'―그들이나 우리나 평범한 사람들일 경우―일일 뿐입니다. 우리는 애정을 받지 못할 수도 있습니다. 우리는 다른 사람들이 도저히 참아내기 어려운 사람일 수도 있습니다. 만약 우리가 그런 사람이라면, 이제 '자연법칙'은 우리에게 불리하게 돌아갑니다. 애정의 친밀감을 가능하게 해 주는 그 조건들은 또한―그에 못지 않게 자연스럽게―어떤 특별한 불치의 혐오감을 느끼게 해 주는 조건이 될 수도 있기 때문입니다. 애정에 대응하는 형태로서, 언제 시작되었는지도 모르고, 부단히 계속되며, 저변에 늘 깔려 있고, 거의 무의식적인 그런 증오심 말입니다. 지그프리트 Siegfried는, 오페라 〈니벨룽겐의 반지〉에서 자신의 난쟁이 양아버지가 발을 질질 끄는 소리와 투덜대는 소리와 안절부절못하는 태도 등을 자신이 언제부터 역겨워했는지를 기억해 낼 수 없었습니다. 애정과 마찬가지로, 이런 류의 증오 역시 그 시작 시점을 잡아낼 수 없습니다. 사랑하는 대상뿐 아니라, 지긋지긋하게 싫어하는 대상에 대해 말할 때도 **오래된**old이라는 표현을 쓴다는 점에 주목하십시오. '또 그 오래된 수작at his old tricks', '또 그 지겨운 방식in his old way', '또 그 지긋지긋한 것the same old thing' 등.

리어 왕에게 애정이 부족했다고 한다면, 이는 어리석은 말일 것입니다. 필요의 사랑으로서의 애정에 대해서는, 그는 반쯤은 미쳐 있었습니다. 또 그가 딸들에게서 그렇게 지독히도 사랑받기를 갈구했던 것은, 그도 나름으로 딸들을 사랑했기 때문입니다. 그런데 이 세상에서 가장 사랑하기 힘든 부모(또는 아이)는 바로 그러한 탐욕스러운 사랑으로 가득 차 있는 사람입니다.

그런 사랑은 자신뿐 아니라 주변 사람 모두를 불행하게 만듭니다. 그것은 정말이지 숨 막히는 상황을 연출합니다. 자기를 사랑해 달라고 (마치 자기 권리인 양) 다그치는, 전혀 사랑스럽지 않은 사람들의 그 끝도 없는 요구—노골적으로 큰소리를 내서든, 아니면 꽁한 자기연민의 은근한 표정이나 제스처를 통해서든, 여하튼 분명히 표현되는 그 피해의식이나 괴씸히 여기는 마음—는 우리도 어쩔 수 없는 잘못에 대해 죄책감을 갖게 합니다(이것이 본래 그들의 의도입니다). 그들은 그들이 목말라하는 그 물의 원천 자체를 봉해 버리고 맙니다. 어쩌다가 우리 안에 그들을 향한 애정이 싹트더라도, 늘 더 많은 것을 바라는 그들의 탐욕스런 요구에 우리는 다시 굳어집니다. 그리고 그런 사람들은 늘 변함없는 사랑의 증거를 요구합니다. 우리는 그들 편이 되어 주어야 하고, 누군가에 대한 그들의 불만을 들어 주고 동조해 주어야 하는 것입니다. "내 아들이 정말로 나를 사랑한다면, 그 아이도 자기 아버지가 얼마나 이기적인 사람인지를 인정할 거예요." "만일 오빠가 정말 나를 사랑한다면, 내 편이 되어 내 여동생을 혼내 주겠죠." "만일 당신이 정말 나를 사랑한다면, 내가 이런 일을 당하도록 그냥 놔두지 않겠죠." ……

그러면서 그들은 여전히 바른 길이 무엇인지를 깨닫지 못합니다. 고대 로마의 시인 오비디우스Ovid는 "사랑받고자 한다면 먼저 사랑스러운 자가 되어라"고 말했습니다. 고대의 그 쾌활한 탕자의 말은 단순히 "여자들의 마음을 끌려면, 먼저 매력적인 남자가 되어야 한다"라는 의미였을 뿐이지만, 그의 격언은 더 넓게 적용될 수 있습니다. 그 호색 문학가는 적어도 폰티펙스 씨나 리어 왕보다는 현명했던 것입니다.

정말로 놀라운 것은, 이렇듯 사랑스럽지 않은 이들의 탐욕스러운 요구가 받아들여지지 않는다는 사실이 아니라 받아들여질 때도 있다는 점입니다. 때때로 우리는 어떤 여성이 소녀 때와 처녀 시절 그리고 장년기를 거쳐 노년에 이를 때까지 모든 세월을, 아무리 보살펴 주고 순종해도 끊임없이 요구만 해대는 가히 흡혈귀 같은 자기 어머니를 돌보고 순종하고 보살피고 (형편에 따라서는) 부양하느라 몽땅 다 허비하는 경우를 봅니다. 그 희생은 아름다운 것—이에 대해서도 의견이 엇갈릴 수 있겠지만—일 수 있지만, 그 희생을 빨아먹었던 그 노파는 결코 그렇지 않습니다.

이렇듯 '붙박이로 고정 된', 자격을 요구하지 않는 애정의 특성은 무시무시한 오해를 불러일으킬 수 있습니다. 애정의 또 다른 특징인 편안함과 격의 없음도 마찬가지입니다.

요즘, 젊은 세대가 무례하다는 말들을 많이 합니다. 저 역시 나이든 사람이니 응당 나이든 세대 편일 것이라고 생각하시겠지만, 사실 저는 부모를 대하는 자녀들의 태도보다는 자녀를 대하는 부모들의 태도에 흠칫 놀랄 때가 훨씬 많습니다.

어떤 집에 저녁식사를 초대받아 갔는데, 그 집의 아버지나 어머니가 밖에서 다른 젊은이들에게 그랬다간 그걸로 완전히 관계가 끝났을 법한 무례한 말로 다 자란 자녀들을 대하는 광경을 보고 당황했던 경험이 누구에게나 있지 않습니까? 자녀들만이 이해할 수 있는 문제에 관한 어른들의 독단적인 주장, 사정없이 말 끊어 버리기, 딱 잘라 무시하기, 젊은이들이 진지하게 여기는 것들을—때때로 그들의 신앙심까지도—조롱하기, 자녀들의 친구에 대한 모욕적인 언사 등. 이런 것들은 "왜 우리 애들은 늘 밖으로만 나다니는 걸까? 왜 우리 애들은 자기 집보단 남의 집을 더 좋아하는 걸까?"라는 물음에 대한 분명한 답이 되어 줍니다. 막 대하는 태도보다 정중함을 더 좋아하지 않을 사람이 어디 있겠습니까?

이런 참기 어려운 사람들—물론 부모만 해당되는 것은 아닙니다—에게 왜 집에서 그런 식으로 행동하느냐고 물어 보면, 그들은 이렇게 대답할 것입니다. "여보시오, 집이란 편하게 쉬라고 있는 곳이오. 어떻게 사람이 늘 최선의 모습만 보여 줍니까? 사람이 자기 집에서조차 맘 편히 행동할 수 없다면, 도대체 어디서 그럴 수 있단 말이오? 우리 식구들은 집에서까지 사회생활의 예의범절을 지키고 싶어 하지 않소. 우리는 행복한 가정이오. 우리는 서로에게 **무슨 말이라도** 할 수 있고, 또 다들 괘념치 않소. 우리는 모두 이해하니깐 말이오."

이 역시 진실과 너무 가깝기에, 그래서 더욱 치명적인 그런 거짓입니다. 애정 관계란 편한 옷을 입을 수 있고 서로 편하게 대해도 결례가 되지 않는 관계입니다. 그러나 편한 옷을 입는 것과 똑같은 옷을 냄새가 날 때까지 입는 것은 별개입니다. 파티에 갈 때 입어야 할 적당한 옷이 있는 것처럼, 가정생활을 위해서도 나름으로 입어야 할 적당한 옷이 있습니다. 이처럼 사회생활 예의와 구별되는 가정생활 예의란 것이 있습니다. 두 예의 모두 뿌리가 되는 원칙은 동일합니다. '누구도 자기 자신을 먼저 생각해서는 안 된다'는 것입니다. 더욱 공적인 관계일수록, 이 원칙을 따르는 일은 정형화되어 있습니다. 어떤 것이 좋은 매너인지를 말해 주는 '규범'이 정해져 있습니다. 반면, 더 친밀해질수록 덜 형식적이 되나 그렇다고 해서 예의가 덜 중요해지는 것은 아닙니다. 오히려 반대로, 애정은 공적인 예의와 비교될 수 없을 만치 더욱 섬세하고 민감하고 깊은 호의를 최선을 다해 베푸는 것입니다.

사회생활에서는 어떤 의식儀式을 지키는 것으로 족합니다. 그러나 가정에서는 그런 의식이 표현하는 실재 자체를 드러내야 합니다. 그렇지 않으면 가정은 실로 최악의 이기주의가 판치는 곳이 됩니다. 가정에서는 자기 생각만 먼저 해서는 절대 안 됩니다. 파티장에서는 그런 생각을 감추는 것으로 충분한 반면에 말입니다. "같이 살아 봐야 그 사람의 진가를 안다"는 옛말이 그래서 있는 것입니다. 가까운 사람들에 대한 매너야말로 우리의 '사회생활' 매너나 '파티장' 매너(이런 말들의 어감이 나쁜 데는 이유가 있습니다)의 진짜 값어치를 보여 줍니다. 댄스장이나 셰리주 파티에서 돌아올 때 매너를 거기다 놔두고 오는 사람들이라면, 거기서도 진짜 예의가 있었던 것이 아닙니다. 그들은 예의 있는 사람인 양 그저 흉내만 냈던 것입니다.

"우리는 서로에게 **무슨 말이라도** 할 수 있소." 이 말의 배후에는, 최선의 애정은 하고 싶은 말이라면 비록 공적인 예의규범에 어긋난다 해도 무엇이든 다 해도 된다는 왜곡된 진실이 숨어 있습니다. 왜냐하면 최선의 애정은 결코 상대에게 상처나 모욕감, 굴욕감을 주고 싶어 하지 않기 때문입니다. 사랑하는 아내가 무심코 당신의 칵테일까지 마셔 버렸을 때, 그녀를 "돼지!"라고 놀릴 수 있습니다. 아버지가 같은 이야기를 또 반복하려고

하면, 당신은 펄쩍펄쩍 뛰며 말릴 수도 있습니다. 당신은 짓궂은 희롱이나 장난이나 농담을 할 수 있습니다. "입 다물어! 책좀 읽자!"라고 말할 수도 있습니다. 적당한 때에 적당한 어조로 (상처를 줄 의도나 가능성이 없는 말투와 시점이라면), 무슨 말이든 할 수 있습니다. 애정이 더 깊어질수록, 그런 어조와 시점을 정확하게 이해합니다(모든 사랑에는 나름의 **사랑의 기술**이 있는 법입니다).

그러나 '무슨 말이라도' 할 수 있는 자유 운운하는 가정 폭군들의 말은 전혀 다른 차원입니다. 턱없이 부족한 애정으로, 아니 어쩌면 그 순간에는 전혀 애정이 없으면서도 애정이 충만할 때에만 가능한 아름다운 자유를 멋대로 사칭합니다. 그러고는 자신의 골난 마음에 따라 악의적으로 혹은 이기심대로 무자비하게, 혹은 (잘 해야) 기술 부족으로 아둔하게 그 자유를 휘두릅니다. 그러면서도 전혀 양심에 거리끼지 않습니다. 그는 애정이 상대를 허물없이 대하는 것임을 압니다. 그래서 지금 자기 딴에는 허물없이 상대를 대하는 중입니다. 그 결과, 그는 자신이 지금 애정을 보여 주고 있다고 결론짓습니다. 만일 당신이 화를 내면, 그는 도리어 당신의 애정이 부족하다고 탓합니다. 자신이 오히려 상처받았다고 말합니다. 당신이 자신을 오해한다고 투덜 댑니다.

때로 그는 고자세를 취하며 지나칠 정도로 '예의 바르게' 굴면서 복수를 가하기도 합니다. 무슨 뜻을 전하려는지는 명백합니다. "좋아. 그렇담, 서로 친하게 지내지 말자는 말이지? 그저 얼굴만 아는 사람들처럼 지내자고? 나는 우리가 더 가까운 사이길 바랐지만, 뭐 어쩔 수 없지. 당신 원하는 대로 해 주겠어." 이는 가까운 관계에서의 예의와 공적 관계에서의 예의가 어떻게 다른지를 잘 보여 줍니다. 공적 관계에서는 적절했던 예의도 사적 관계에서는 그릇된 표현이 될 수 있습니다. 처음 소개받은 어떤 저명인사에게 허물없이 편하게 대하는 것은 나쁜 매너입니다. 반대로 자기 집에서 공적이고 의례적인 예의범절을 지키는 것('사적인 장소에서 공적인 표정을 짓는 것')은, 늘 어떤 악의가 담겨 있는 나쁜 매너입니다.

《트리스트럼 샌디》에는 참으로 훌륭한 가족간의 예의범절이 어떤 것인지를 보여 주는 아름다운 장면이 나옵니다. 전혀 분위기에 맞지 않는 때에 또 토비 삼촌은 자신의 최고 관심사인 축성술築城術에 대해 장황하게 늘어놓기 시작합니다. 참다 못한 '나의 아버지'는 그만 거칠게 삼촌의 말을 중단시킵니다. 순간 삼촌의 얼굴에 깊은 상처—자신이 무시당했다는 생각(그로서는 생각도 할 수 없는 일) 때문이 아니라 축성법 같은 고귀한 기술이 무시받았다는 생각에—를 받은 표정, 그러나 앙심은 아닌 어떤 표정이 나타나자 '나의 아버지'는 즉시 뉘우칩니다. 삼촌에게 사과하고 완전한 화해가 이루어집니다. 그리고 토비 삼촌은 자신이 완전하게 용서했음을 보여 주기 위해, 또 여전히 허물없이 지내기를 원한다는 뜻을 보여 주기 위해, 다시 축성술 강의를 시작합니다.

우리는 아직 질투에 대해서는 이야기하지 않았습니다. 질투가 유독 에로스와 관계 있다고 생각하는 사람은 이제 아무도 없을 것입니다. 만일 그런 사람이 있다면, 아이들이나 고용인들, 애완동물들의 행동을 잘 관찰해 보고 생각을 달리 해야 할 것입니다. 모든 종류의 사랑, 거의 모든 종류의 관계에는 질투의 문제가 따라다닐 수밖에 없습니다. 애정에서 질투는, 그 사랑이 오래되고 친숙한 것에 의지한다는 사실과 밀접한 관계가 있습니다. 또 애정에서는 감상의 사랑이 전혀, 또는 비교적 중요하지 않다는 점과도 관계 있습니다. 우리는 '친숙한 얼굴들'이 더 환해지거나 더 아름다워지는 것을 원치 않습니다. 오래된 방식을 더 나은 방식으로 바꾸기를, 오래된 농담과 관심거리들을 새롭고 흥미로운 것들로 교체하기를 원치 않습니다. 변화는 애정의 적敵입니다.

어떤 남매가 있다고 합시다. 아니, 형제도 좋습니다. 여기서 성별은 아무 상관없습니다. 그들은 일정한 나이까지는 모든 것을 함께 공유하며 자랍니다. 같은 만화책을 읽고, 같은 나무 위를 올라가며, 함께 해적이나 우주비행사가 되고, 동시에 우표 수집을 시작해서 동시에 그만둡니다. 그런데 어느 날 무시무시한 일이 벌어집니다. 형제 중 한 명이 돌연 달라집니다. 그가 시나 과학이나 진지한 음악에 눈을 뜨거나, 혹은 어떤 종교적 회심을 경험할 수도 있습니다. 그의 생활은 이제 새로운 관심사들로 꽉 차게 됩니다. 이제 나머지 한 명은 그것을 공유할 수 없습니다. 그는 내버려지게 됩니다. 이런 일은 제가 보기에, 때로 아내나 남편의 부정不貞이 몰고 오는 것보다 더 비참하게 버림받은 느낌 혹은 더 격렬한 질투심을 일으키는 것 같습니다. 이는 아직 자기를 버린 자의 새 친구들에 대한 질투가 아닙니다. 그런 질투도 곧 생겨날 것입니다. 그러나 지금으로선 그 새로운 관심거리 자체—그 과학이나 음악, 혹은 하나님(이런 상황에서는 늘 '종교'라고 불려지지만)—에 대한 질투심입니다.

이 질투심은 아마 조롱으로 표현될 것입니다. 질투자는 그런 것은 '순전히 허튼 짓' 아니면 한심하리만큼 애 같은(혹은 어른 같은) 짓에 불과하다고 말하거나, 네가 정말로 그런 것에 관심이 있는 건 아니지 않느냐—그저 잘난 체하려고 꾸민 것 아니냐—라고 말할 것입니다. 그는 책들을 멀리 치워 버리거나, 식물 표본들을 못쓰게 망가뜨리거나, 클래식 음악이 흘러나오는 라디오를 강제로 꺼 버릴 것입니다. 왜냐하면 사랑 중에서도 애정은 가장 본능적인 사랑, 그런 의미에서 가장 동물적인 사랑이기 때문입니다. 그래서 애정의 질투심은 그만큼 격렬합니다. 그것은 음식을 빼앗긴 한 마리 개처럼 으르렁거리며 이빨을 드러냅니다. 어떻게 그렇지 않을 수 있겠습니까? 무언가 혹은 누군가 때문에 지금 가히 평생의 양식, 제2의 자아라고 할 만한 것을 빼앗겨 버린 상태인데요. 그의 세계 전체가 황폐해진 것입니다.

그러나 아이들만 이런 식으로 반응하는 것은 아닙니다. 문명

국가의 평화로운 일상에서, 가족 중 한 명이 그리스도인이 되었을 때 믿지 않는 가족 전체가 품는 증오심, 혹은 지성인이 될 자질이 있는 식구에 대해 지성이 낮은 가족들이 보이는 증오심보다 더 그악한 것은 없습니다. 이는 단순히 빛에 대해 어둠이 갖는 자연적이거나 사심 없는 미움이 아닙니다(한때 저는 그렇게 생각했습니다). 무신론자가 된 식구에 대해 신자 가족들이 갖는 태도도 이에 못지않게 그악한 것을 보면 말입니다. 이는 버림받은 것, 강탈당한 것에 대한 반응입니다. '누군가 혹은 무언가가 **우리** 아이를 빼앗아 갔다. 우리 중 하나였던 그가 이제 그들 중 하나가 되어 버렸다. 도대체 누가 어떤 권리로 그럴 수 있단 말인가? 그는 **우리 것**인데! 일단 변화가 시작된 이상, 그 끝이 어찌 될지 누가 알겠는가? (전에 우리 가족은 서로 상처주지 않고 그토록 행복하고 편안하게 살았건만!)'

질투자의 마음속에 때로는 기이한 형태의 이중적 질투심, 서로 돌고 도는 두 가지 모순된 질투심이 느껴지는 경우도 있습니다. 한편으로는 '순전히 허튼 소리, 배운 사람들의 얼토당토않은 난센스, 위선적인 헛소리에 불과하다'고 생각합니다. 그러나 또 한편으로는, '만약—그럴 수 없고 또 그래서도 안 되지만 혹시라도—'거기에 정말 무언가가 있다면'이란 생각을 해 보기도 합니다. '문학이나 기독교에 정말 무언가가 있다면? 정말 그가 우리는 깨닫지 못한 어떤 새로운 세계에 들어간 것이라면? 만일 그렇다면 이 얼마나 불공평한가! 왜 그만 그렇게 변했는가? 왜 우리에겐 그 세계가 열리지 않았단 말인가? 그 당돌한 계집 애—그 건방진 녀석—가 연장자인 우리는 보지도 못한 것을 보았단 말인가?' 이는 도저히 믿을 수 없고 참을 수 없는 일이기에, 질투심은 다시 "모두 허튼 소리일 뿐이야"라는 상태로 돌아갑니다.

이 문제에 관하여 부모는, 형제자매보다는 훨씬 편한 위치에 있습니다. 자녀들은 부모의 과거를 알지 못합니다. 그러니 부모들은, 자녀들이 발견한 세계가 무엇이건 간에 자신들은 이미 다 그런 과정을 거쳤노라고 주장할 수 있습니다. "그건 하나의 과정일 뿐이야. 결국 다 지나간단다." 이보다 더 만족스러운 대응은 없습니다. 이런 말에 대해서는 반박도 할 수 없는데, 이는 미래에 대한 말이기 때문입니다. 그 말이 가시처럼 느껴진다 해도 (어른들이 그처럼 관대하게 해 주시는 말씀이니) 분개하기도 어렵습니다. 게다가 연장자들은 정말로 그렇게 확신하여 말하는 것일 수도 있습니다. 더군다나, 결국 그들의 말이 옳았음이 증명될 수도 있습니다. 또 그렇게 되지 않더라도, 그것이 꼭 그들이 틀렸음을 증명해 주는 것도 아닙니다.

"얘야, 네가 이렇게 멋대로 살면 네 어머니 마음은 찢어진단다." 지극히 빅토리아 시대풍의 이러한 호소가 타당할 때도 있습니다. 애정은, 가족 중에 누가 **가풍**homely ethos에 못 미치게 살면—도박이나 음주나 극장 여배우 등에 빠지면—몹시도 가슴 아파합니다.

그러나 불행히도 가풍을 뛰어넘어 살아도 마찬가지로 어머니의 가슴을 찢어 놓을 수 있습니다. 애정의 보수적이고 완강한 태도는 양방향으로 나타납니다. 국가 차원에서 일어나는 예를 찾아 본다면, 게으름뱅이와 열등생들이 '상처 입을지' 모른다는 이유로 장래가 유망한 학생을 상급반으로 올려보내지 않고 그대로 붙들어 두는—그것을 민주적이라고 생각하는—그런 자멸적 형태의 교육을 들 수 있습니다.

이렇듯 왜곡된 애정은 주로 필요의 사랑으로서의 애정과 관계가 있습니다. 그러나 선물의 사랑으로서의 애정에도 왜곡된 형태들이 있습니다.

저는 몇 달 전에 돌아가신 피제트 부인을 생각하고 있습니다. 부인이 죽자, 그 가족이 얼마나 밝아졌는지 참으로 놀라울 지경입니다. 남편의 얼굴에서 그늘이 사라졌습니다. 그는 이제 웃기도 합니다. 전에는 늘 불만 가득하고 신경질만 부린다고 생각했던 작은아들도, 알고 보니 상당히 인간성 좋은 아이였습니다. 잠잘 때를 빼놓고는 거의 집에 붙어 있질 않던 큰아들도 이제는 늘 집에 있고, 심지어 정원 손질까지 합니다. (정확히 문제가 뭔지는 모르겠지만) '허약한' 줄로만 알았던 딸아이도 전에는 생각지도 못하던 승마 강습을 받으러 다니고, 밤새 춤을 추기도 하며, 몇 시간이고 테니스를 치기도 합니다. 데리고 나가는 사람이 없으면 외출이 금지되었던 그 집 개도 이제는 동네 골목을 주름잡는 유명인사가 되었습니다.

피제트 부인은 늘 자신은 가족을 위해 산다고 말하곤 했습니다. 그리고 그 말은 거짓이 아니었습니다. 이웃 사람 누구나 인정하는 사실이었습니다. "피제트 부인은 가족을 위해 사는 사람이야." 다들 말했습니다. "정말 희생적인 아내이자 어머니지!" 부인은 집안의 모든 빨래를 혼자 도맡아 했습니다. 끔찍할 정도로 그렇게 했습니다. 세탁소에 맡길 여유가 있는 형편이었기에 가족들 모두 그러지 말라고 누차 간청했건만, 그녀는 아랑곳하지 않았습니다. 한 사람이라도 집에 있으면 그 식구를 위해 늘 따뜻한 점심을 지어 주었고, 밤에도 (심지어 한여름 밤에도) 늘 따뜻한 음식을 차려 주었습니다. 식구들은 제발 그렇게 하지 말라고 간청했습니다. 자기는 찬 음식을 좋아한다고 거의 눈물까지 글썽이며 (진심으로) 항변하기도 했습니다. 그러나 소용없었습니다. 그녀는 자기 가족을 위해 사는 사람이었기 때문입니다. 밤 늦게까지 귀가하지 않는 식구가 있으면 부인은 항상 자지 않고 기다려 '맞아' 주었습니다. 새벽 두세 시라도 상관없었습니다. 식구들은 늘 자신을 기다리고 있는 그 힘없고 창백하고 피곤에 지친 얼굴을 봐야 했습니다. 무언의 비난과도 같은 그 표정을 말입니다. 물론 그 표정은, 조금이라도 예의가 있다면 다시는 외출을 삼가라는 의미였습니다. 또, 부인은 늘 무언가를 손수 만들었습니다. 그녀는 스스로를 (제게는 판단능력이 없습니다만) 탁월한 아마추어 양재사요 뜨개질의 달인이라고 여겼습니다. 물론 가족들은, 냉혈한이 아닌 이상 그녀가 만든 옷들을 입지 않을 수 없었습니다. (교구 목사 말에 따르면, 부인이 죽은 뒤 그 가족들이 자선에 내놓은 옷가지가 교구민 전체 기증품보다 더 많았다고 합니다.) 가족의 건강에 대한 걱정은 또 어떠했는지! 그녀는 '허약한' 딸아이의 문제를 혼자 다 떠맡았습니다. 병원엔 안 가고 늘 나이 든 가정의家庭醫만 불렀는데, 정작 의사는 자기 환자와는 이야기를 나눌 수 없었습니다. 간단하게 검진만 하게 한 다음, 부인은 즉시 의사를 다른 방으로 데리고 가서는 자기하고만 상의하게 했습니다. 그 딸아이는 자기 건강에 대해 어떠한 걱정도, 책임도 질 수 없었습니다. 단지 쓰다듬어 주고, 특별 보양식을 만들어 주고, 끔찍한 강장제를 먹이고, 침대 위에서 아침을 차려 주는 등 어머니의 따뜻한 보살핌이 전부였습니다. 왜냐하면 피제트 부인은, 그녀가 자주 말했듯이 가족을 위해 '뼈 빠지게' 일하는 사람이었기 때문입니다.

가족들은 그녀를 말릴 수 없었습니다. 또 그들은 예의 있는 사람들이어서, 손 놓고 앉아서 그녀가 일하는 것을 지켜만 볼 수도 없었습니다. 도와줄 수밖에 없었습니다. 정말이지, 언제나 도와야 했습니다. 자신들은 원하지도 않는 일들을, 자신들을 위해 할 수 있도록 그녀를 도울 수밖에 없었습니다. 그 사랑스런 개에 대해 말할 것 같으면, 부인 말을 빌리자면 '자식과 다름없는' 존재였습니다. 정말 그녀는 할 수 있는 한 그 개를 자식 다루듯 했습니다. 그러나 식구들과는 달리 양심의 가책이란 것이 없는 그 개는 다른 가족들보다는 잘 지내는 편이었고, 진찰과 음식과 보호를 받아야 하는 그 비좁은 공간을 벗어나 용케 쓰레기통이나 옆집 개에게로 도망가는 일에 성공할 때도 종종 있었습니다.

교구 목사는 피제트 부인이 이제 안식을 누리고 있다고 말합니다. 그러기를 우리는 진심으로 바랍니다. 확실한 것은 그녀의 가족은 지금 평안을 누리고 있다는 사실입니다.

모성 본능이 자칫 이러한 함정에 빠질 수 있음을 쉽게 알 수 있습니다. 앞에서 말했듯이, 모성애는 선물의 사랑이지만, 무언가를 줄 필요가 있는 사랑, 다시 말해 다른 사람의 필요를 필요로 하는 사랑입니다. 그러나 주는 일의 진정한 목표는, 받는 사람이 더 이상 받을 필요가 없는 상태가 되게 하는 것입니다. 우리가 아이들을 먹이는 것은 머지않아 그들 스스로 먹도록 하기 위함입니다. 아이들을 가르치는 것은 머지않아 그들이 우리의 가르침 없이도 사람이 되도록 하기 위함입니다. 이처럼 선물의 사랑에는 막중한 임무가 주어져 있습니다. 이 사랑은 포기를 위해 일해야 합니다. 자신이 불필요한 존재가 되는 것을 목표로 해야 합니다. "그들에겐 내가 더 이상 필요 없어"라고 말하게 되는 시간을 보답으로 여겨야 합니다.

그러나 단순히 모성 본능 자체로는 이러한 사랑의 법을 이행할 능력이 없습니다. 이 본능은 그 대상의 유익을 바라지만, 여기에는 그 유익이 오직 자기가 주는 유익이어야 한다는 조건이 붙습니다. 이 모성 본능이 스스로 포기할 수 있으려면, 더 차원

높은 사랑—누구로부터이건 상관없이, 자기 사랑의 대상이 유익을 얻게 되기를 바라는 사랑—이 간섭해서 도와주거나 그 본능을 길들여야만 합니다.

물론 많은 경우 그렇게 됩니다. 그러나 그렇지 못할 때, 필요함을 고집하는 탐욕스런 욕망은, 대상이 계속 자기를 필요로 하는 존재로 머물도록 만들거나 가상의 필요를 조작해 냄으로써 자기만족을 추구할 것입니다. 그것도 눈 한 번 깜짝하지 않고 그럴 텐데, 왜냐하면 자신을 선물의 사랑이라고 생각하여(어떤 의미에서는 맞는 말입니다) 스스로를 '이타적'인 사랑이라고 여기기 때문입니다.

비단 어머니들만 이런 것은 아닙니다. 모성 본능에서 나온 것이어서 그렇든, 유사한 기능을 하기에 그렇든, 하여간 대상이 자기를 필요로 하여 주기를 원하는 다른 모든 애정도 동일한 함정에 빠질 수 있습니다. **피보호자**Protégé에 대한 보호자의 애정도 그 중 하나입니다. 제인 오스틴Jane Austin의 소설을 보면, 엠마는 해리트 스미스가 행복하게 살기를 바라고 애씁니다. 그러나 그 행복이란 오직 엠마 자신이 계획해 준 것이어야 했습니다.

저의 직업—대학 교수—에도 이런 위험이 도사리고 있습니다. 교수들의 목표는 당연히 제자들이 자신의 비평가나 경쟁자가 되는 수준에 도달하는 것이어야 합니다. 그런 날이 오면 교수들은 마땅히 즐거워해야 합니다. 펜싱 선생이 제자가 자기를 찔러 이기는 날이 오면 즐거워하듯이 말입니다. 그리고 실제로 그렇게 즐거워하는 사람들도 많습니다.

그러나 모두가 그렇지는 않습니다. 저는 쾨르쯔Quartz 박사의 슬픈 이야기를 기억하고 있을 만큼 나이가 들었습니다. 어느 대학에도 그보다 더 유능하고 헌신적인 선생은 없었습니다. 그는 자신의 전부를 제자들에게 쏟아 부었습니다. 그는 대부분의 제자들에게 깊은 감명을 주었습니다. 그는 그들에게 영웅으로 숭배받았고 충분히 그럴 자격이 있었습니다. 당연히, 또 기꺼이 그의 제자들은 지도교수와 학생의 관계가 끝난 후에도 계속 그를 찾아갔고, 그의 집에서 멋진 토론의 밤을 보냈습니다. 그런데 기이한 사실은, 이런 저녁이 오래 갔던 적이 한 번도 없었다는 점입니다. 오래지 않아(단지 몇 달 심지어 몇 주도 안 되어), 그의 집을 찾아가 노크를 해도 '박사님은 선약이 있으시다'는 말만 전해 듣는 운명의 날이 마침내 찾아옵니다. 그날 이후로는 언제 찾아가도 늘 그에게는 선약이 있습니다. 제자들은 영원히 내쳐진 것입니다. 이는 지난번 모임에서 제자들이 그를 반역했기 때문에 벌어진 일입니다. 제자들이 독립적인 주장을 펼쳤던 것입니다. 스승과 다른 의견을 제시하고, 나름의 견해를 주장했던 것입니다. 아마 논쟁에서 스승을 이겼을 수도 있습니다. 쾨르쯔 박사는, 자신이 애써 이뤄낸 결과이자 자신의 과업이기도 한 제자들의 학문적 독립을 막상 대하자 견딜 수 없었습니다. 마치 보탄Wotan이 온갖 수고를 기울여 자유로운 지그프리트를 창조했지만, 막상 자유로운 지그프리트를 대하자 성을 냈던 것처럼 말입니다. 콰르쯔 박사는 불행한 분이었습니다.

다른 사람의 필요를 필요로 하는 그런 끔찍한 욕망은 흔히 애완동물 기르기로 분출되기도 합니다. 어떤 사람이 '동물을 좋아한다'는 사실을 알았다고 해서, 우리가 그에 대해 좀더 알게 된 것은 아닙니다. 왜냐하면 동물을 좋아하는 데는 서로 다른 두 가지 방식이 있기 때문입니다. 한편으로, 보다 고등하고 길들여진 동물은 우리와 다른 자연을 이어주는 '다리'로 볼 수 있습니다. 가끔 우리는 자연 세계로부터 인간적 소외를 다소 고통스럽게 경험합니다. 지성에 수반되는 본능의 감퇴, 과도한 자의식, 인간 상황의 무수한 복잡성, 현재를 누리고 현재에 거할 수 있는 능력의 결여 등 이 모든 것을 다 벗어 버릴 수 있다면! 우리는 동물이 되어서는—그럴 수도 없을 뿐더러—안 됩니다. 그러나 동물과 **함께** 살 수는 있습니다. 동물에게는 **함께**라는 말을 써도 좋을 만큼의 인격성이 있습니다. 아직은 대부분 한 덩어리의 무의식적이고 생물학적인 충동에 불과하지만 말입니다. 그 동물은 다리 세 개는 자연에, 나머지 다리 하나는 인간 세계에 디디고 있습니다. 그들은 일종의 연결고리, 곧 대사代使와 같습니다. 보상케[31]의 표현처럼, "판Pan[32]의 법정에 대리인을 두

---

31) Bernard Bosanquet(1848–1923). 영국의 철학자.
32) 들판, 숲 등 자연의 신.

고" 싶어 하지 않을 사람이 누가 있겠습니까?

개와 함께 사는 사람은 자연 세계와 벌어진 간격을 조금은 줄인 셈입니다. 그러나 동물이 이보다 안 좋은 형태로 이용될 때도 물론 많습니다. 필요를 채워 주려 하는데 이를 받아들여야 할 가족이 당신을 거절할 때, 그때 당신은 손쉬운 대체물로서 애완동물을 이용할 수 있습니다. 그리고 그 동물을, 일평생 당신을 필요로 하는 존재로 만들 수 있습니다. 그 동물이 죽을 때까지 유아적인 단계에 머물게 하고, 죽을 때까지 허약하게 살도록 하며, 동물에게 어울리는 진정한 행복은 다 빼앗은 채 오직 당신만이 베풀 수 있는 잡다한 탐닉거리만 필요로 하며 살게끔 만들 수 있습니다. 이렇게 되면 그 불행한 동물은 나머지 식구들에게도 대단히 유용해집니다. (개 한 마리의 생을 망쳐 놓느라 너무 바빠서 다른 식구들의 생을 망칠 시간이 그만큼 줄어들기에) 그것이 일종의 하수구 역할을 해 주기 때문입니다. 이런 목적을 위해서라면 고양이보다 개가 더 좋습니다. 듣기로는 원숭이가 최고라고 합니다. 그것은 진짜 사람과 비슷해 보이기까지 합니다. 원숭이로서는 오히려 이 점이 대단한 불행이겠지만 말입니다. 어쩌면 자기에게 행한 해악을 제대로 인식할 수 없을지도 모릅니다. 설령 인식한다 해도, 당신이 그것을 눈치챌 수는 없을 것입니다. 늘 짓밟혀 살아 온 사람도 너무 당하다 보면 한번쯤은 저도 모르게 끔찍한 진실을 내뱉을 수 있지만, 동물은 말을 할 줄 모릅니다.

"인간에 대해 알면 알수록 개를 더 좋아하게 된다"고 말하는—인간 관계의 요구들을 피해 **도피처**로서 동물을 찾는—사람들은, 자신이 동물을 좋아하는 진짜 이유가 무엇인지를 진지하게 되살펴보는 게 좋을 것입니다.

제 말을 오해하시는 분이 없기를 바랍니다. 만약 누구라도 이 장을 읽고서 '자연적 애정' 부족을 엄청난 타락이라고 생각하게 된 사람이 있다면, 제가 글을 잘못 쓴 것입니다. 또 저는, 인간의 자연적 삶에 존재하는 모든 견실하고 지속적인 행복의 90퍼센트는 애정에서 비롯된다는 사실을 추호도 의심하지 않습니다. 그러므로 지난 몇 페이지를 읽고 다음과 같은 식으로 논평하시는 분들의 생각에 충분히 공감할 수 있습니다.

"그렇지요. 물론 그렇습니다. 그런 일들이 일어나긴 합니다. 이기적이거나 신경증적인 사람들은 무엇이나, 심지어 사랑도 왜곡하여 불행이나 착취가 되게 할 수 있지요. 하지만 왜 이런 예외적인 경우만 그렇게 강조한단 말입니까? 약간의 상식만 있어도, 조금만 서로 공정하게 주고받을 줄만 알아도, 선량한 사람들 사이에서는 이런 일들이 일어나지 않을 수 있는데 말입니다."

그러나 저는 이러한 논평에 대해서도 재논평이 필요하다고 생각합니다.

먼저, **신경증적**이라는 말에 대해 생각해 봅시다. 저는 애정의 이러한 해로운 상태를 모조리 병적인 상태로 분류한다고 해서 문제가 명확해지는 것은 아니라고 생각합니다. 물론, 그러한 상태로 빠져들게 하는 유혹을 이기기가 비정상적일 정도로 어려운, 심지어 불가능한 어떤 병리적인 조건들도 존재합니다. 그런 조건에 처한 사람들이라면 어떻게 해서든 의사에게 보내야 할 것입니다. 그러나 자신에게 정직한 사람이라면 누구나 자신에게도 이러한 유혹이 있음을 인정할 것입니다. 그런 유혹을 느끼는 것은 병이 아닙니다. 아니, 굳이 병이라고 한다면, 그 병명은 '인간의 타락한 본성' 정도가 될 것입니다. 정상적인 사람일 경우, 그런 유혹에 굴복하는 것은—굴복해 보지 않은 사람이 어디 있겠습니까?—병이 아니라 죄입니다. 여기에는 의학적 치료보다는 영적인 지도가 필요합니다. 의학이란 '자연적' 구조나 '정상적' 기능을 회복시키고자 하는 노력입니다. 그러나 탐욕, 이기심, 자기기만, 자기연민 등은 난시나 신장 이상 등을 말할 때와 같은 의미로서의 비자연적·비정상적인 상태는 아닙니다. 생각해 보십시오. 그러한 유혹들에 한 번도 굴복해 보지 않은 사람을 누가 자연적인 사람, 정상적인 사람이라고 부르겠습니까? 굳이 그렇게 부르고자 한다면, '자연적'이란 말을 다르게—'최고로 자연적인archnatural' '타락하지 않은unfallen'이라는 의미로—정의하는 수밖에 없습니다. 그런 다른 의미에서 '자연적인' 인간이었던 분을 우리는 단 한 사람 알고 있습니다. 그런데 그는 정상적인 인간에 대한 심리학자들의 그림—원만하고, 균형 잡혀 있고, 잘 적응하며, 행복한 가정을 꾸리고, 직장이 있는 평범한 시민—과는 거리가 한참 멀었습니다. 만일 세상이 당신에게

"귀신 들렸다"라고 말하고 결국에는 당신을 발가벗겨 나무 기둥에 못박아 버린다면, 당신이 결코 세상에 잘 '적응한' 사람이라고는 볼 수 없습니다.

둘째로, 이 논평은 그 자체로써 제가 말하고자 했던 점을 인정하고 있습니다. 곧 애정은 상식과 공정한 주고받기와 '선량한' 태도가 있을 때 비로소 행복을 낳는다는 사실 말입니다. 즉, 애정에는 애정 이상의 무언가가 더 필요합니다. 단순히 감정만으로는 충분하지 않습니다. '상식', 즉 이성이 필요합니다. 또 '서로 공정하게 주고받을 줄' 알아야 합니다. 다시 말해, 애정이 시들해질 때는 다시 자극해 주고, 애정이 사랑의 **기술**을 망각하거나 무시하려 할 때는 제어해 줄 정의justice가 필요합니다. 또 '선량한' 태도도 필요합니다. 다시 말해, 우리에게는 인내나 자기부인이나 겸손과 같은 선善이 있어야 하며, 우리의 애정은 애정보다 훨씬 높은 차원의 사랑으로부터 지속적인 간섭을 받아야 합니다. 이것이 바로 제가 말하려는 요지입니다. 만일 우리가 애정으로만 살려고 하면, 우리의 애정은 그만 '썩어 버리고' 말 것입니다.

그 썩는 정도가 얼마나 심각한지 우리는 제대로 인식하지 못하는 것 같습니다. 피제트 부인은 자신이 가족들에게 끼친 막대한 고통과 불행에 대해 정말 몰랐을까요? 그랬다고 보기는 어렵습니다. 그녀는 알았을 것입니다. '자지 않고 기다리고 있을' 그녀에 대한 생각에, 그 비난조의 기다림 때문에, 저녁 내내 가족들의 마음이 편치 않으리라는 것을 분명 모르지 않았을 것입니다. 그럼에도 그녀가 그런 일들을 계속 했던 것은, 만약 그만둔다면 자신이 결코 보고 싶지 않을 어떤 진실과 대면할 수밖에 없었기 때문입니다. 바로, 자신이 가족들에게 필요한 존재가 아니라는 진실입니다. 이것이 첫 번째 동기입니다. 또 그녀의 부지런한 생활은 애정의 질에 대한 마음속 은밀한 의심을 잠재워 주었을 것입니다. 발이 붓고 등이 쑤실수록 더 좋았는데, 왜냐하면 그런 고통은 "이런 일까지 하는 걸 보면 나는 정말 가족을 사랑하는 게 틀림없어!"라고 그녀에게 속삭여 주기 때문입니다. 이것이 두 번째 동기입니다.

그런데 저는 더 낮은 동기도 있다고 생각합니다. 제발 빨랫감을 세탁소에 맡기라고 간청하는 가족들의 그런 감사할 줄 모르는 태도와 지독히 상처를 주는 모든 말—피제트 부인에게 '상처 주는' 모든 것들—은, 자신이 혹사당하고 있다는 느낌을 갖게 해 주었고 따라서 그녀가 늘 불만을 품을 수 있게, 분개憤慨의 쾌감을 누릴 수 있게 해 주었습니다. 분개의 쾌감이 뭔지 모르는 사람이 있다면, 그는 거짓말쟁이가 아니면 성자聖者일 것입니다. 물론 그런 쾌감은 증오를 품은 자만이 느끼는 쾌감입니다. 그렇다면 피제트 부인의 경우와 같은 사랑에는 상당한 증오가 담겨 있다고 볼 수 있습니다.

"나는 사랑하는 동시에 미워한다"는 오비디우스의 말은 에로스에 해당되지만, 다른 종류의 사랑도 똑같은 여지를 안고 있습니다. 즉, 그 사랑 안에 증오의 씨앗이 들어 있습니다. 만일 애정이 삶의 절대 주권자가 되면, 그 씨앗은 발아하기 시작합니다. 신이 되어 버린 사랑은 악마가 됩니다.

4

우정

하루의 고된 일과를 마치고 네댓 명이 함께 방에 모일 때, 실내화를 신고 벽난로 불꽃을 향해 다리를 뻗은 채 마실 것을 팔꿈치에 놓아 두고 있을 때, 이야기를 나누는 중에 전 세계와 세계 너머에 있는 그 무엇이 우리 마음에 밝히 드러날 때, 삶에서 이 이상 좋은 선물은 없습니다. 과연 어느 누가 자격이 있어서 이런 선물을 받는다고 할 수 있겠습니까?

애정이나 에로스가 주제일 때는 관심을 보이는 청중이 많습니다. 이 두 사랑의 경우, 그 중요성과 아름다움이 거듭 강조되어 왔고 또 과장되기까지 했습니다. 애정이나 에로스를 깎아내리려고 하는 폭로꾼들의 시도도 이러한 찬양 전통에 대한 의식적인 반작용이라는 점에서, 그 전통의 영향 아래 있다고 할 수 있습니다. 그러나 현대인 중에 우정을 이 두 사랑에 필적할 만큼 가치 있는 사랑으로 치는 사람은 거의 없습니다. 아니, 아예 사랑이 아니라고 생각하는 경우가 대부분입니다. 제 기억이 맞다면, 《인 메모리엄 *In Memoriam*》[33] 이후로는 우정을 찬양하는 시나

---

33) 영국 시인 앨프레드 테니슨Alfred Tennyson(1809-1892)이 자신의 친구 아서 핼럼 Arthur Hallam를 기리며 쓴 시.

소설이 쓰여진 바가 없습니다. 트리스탄Tristan과 이졸데 Isolde[34], 안토니우스Antony와 클레오파트라Cleopatra, 로미오와 줄리엣의 닮은 꼴은 현대 문학에도 끊임없이 계속됩니다. 그러나 다윗과 요나단, 필라데스Pylades와 오레스테스 Orestes[35], 롤란드Roland와 올리버Oliver[36], 아미스Amis와 아밀레Amile[37]의 경우는 그렇지 않습니다. 고대인에게 우정이란 그야말로 모든 사랑 가운데 가장 행복하고 가장 인간미 넘치는 사랑이요 생의 면류관이자 덕의 학교였습니다.

그에 반해 현대인들은 우정을 무시하고 있습니다. 물론 우리는 남자에게는 아내나 가족 외에도 '친구들'이 필요하다는 사실을 인정합니다. 그러나 그러한 인정의 어투 자체, 또 '우정'을 나눈다는 친구 사이 인간 관계의 질을 볼 때, 현대인들이 말하는 우정이란 아리스토텔레스가 덕의 하나로 분류했던 **필리아** *Philia*나, 키케로Cicero가 다루었던 **아미키티아***Amicitia*와는 거의 무관하다는 사실을 분명히 알게 됩니다. 현대인들에게 우정은 다분히 주변적인 것입니다. 생의 향연에서 주 코스가 아니라 하나의 오락거리, 남는 시간을 채워 주는 것에 불과합니다. 왜 이렇게 되었을까요?

---

34) 중세 유럽 최대의 연애 이야기에 등장하는 연인들.
35) 그리스 · 로마 신화에 등장하는 친구들.
36) 중세의 서사시 〈롤란드 노래 *The Song of Roland*〉에 등장하는 친구들.
37) 중세 전설에 등장하는 친구들.

첫째로, 가장 명백한 이유는 우정을 경험한 사람이 거의 없기에 그 가치 평가 역시 없다는 것입니다. 그런데 평생을 우정의 경험 없이 사는 일이 가능한 것은, 우정이 다른 두 사랑과는 확연하게 구별되는 어떤 사실에 근거하고 있습니다. 즉 우정은 어떤—전혀 나쁘지 않은—의미에서 가장 덜 **태생적**이라는 사실입니다. 가장 덜 본능적이고, 가장 덜 육적이며, 가장 덜 생물학적이고, 가장 덜 군집 본능적이며, 가장 덜 필수적입니다. 우정은 우리의 신경조직과 가장 덜 연관됩니다. 우정에는 우리 몸이 자극되는 일이 전혀 없습니다. 심장이 뛰거나, 얼굴이 붉어지거나 창백해지지도 않습니다. 또 우정은 본질적으로 개개인 사이의 일입니다. 두 사람이 친구로 맺어지는 순간 그들은 다른 무리로부터 다소 떨어지게 됩니다. 에로스 없이 우리 중 누구도 태어나지 못했을 것이고, 애정 없이 우리 중 누구도 양육받지 못했을 것입니다. 그러나 우정 없이도 우리는 얼마든지 살 수 있고 번식할 수 있습니다. 생물학적으로만 생각한다면, 인류는 우정을 필요로 하지 않습니다. 아니, 심지어 한 집단이나 공동체는 우정을 미워하거나 불신할 수도 있습니다. 지도자들은 다반사로 그렇게 합니다. 학교장이나 종교단체의 장, 연대장이나 선장 같은 사람들은 아랫사람들 사이에 생기는 긴밀하고 견고한 우정을 불안해할 수 있습니다.

우정의 이러한 '비태생적인' 성질은, 어째서 우정이 고대와 중세에는 그토록 추앙받다가 우리 시대에 와서 경시되고 있는지를 설명해 줍니다. 그 시대에 가장 깊고도 항구적인 사상은 세상을 부인하는 금욕주의였습니다. 자연이나 감정이나 몸은 인간의 영혼을 위험에 빠뜨리는 것으로 두려움의 대상이거나, 인간의 격을 떨어뜨리는 것으로 멸시의 대상이었습니다. 따라서 이 시대에, 사랑 가운데 자연에 대해 가장 독립적이고 심지어 반항적으로까지 보였던 우정이 가장 높이 칭송받았던 것은 필연적이었습니다. 애정이나 에로스는 우리의 신경조직과 관련 있음이 너무 분명했고, 이는 동물과도 분명 공통된 점이었습니다. 애정이나 에로스 때문에 우리는 애가 끓고, 횡격막이 오르내리는 경험을 합니다. 그러나 우정―우리가 자유롭게 선택한 관계로 이루어지는 빛나고 고요하며 이성적인 세계―은 이 모든 것으로부터 벗어납니다. 우정은 이렇게, 모든 사랑 중에서 우리를 신이나 천사의 수준으로 끌어올리는 유일한 사랑으로 보였던 것입니다.

그러나 낭만주의와 '눈물 어린 희극tearful comedy'과 "자연으로 돌아가라"는 구호와 감성예찬의 시대가 도래하자, 사람들은 점점 감정의 탐닉 속으로 빠져들기 시작했고, 이는 자주 비판받으면서도 지금까지 계속되고 있습니다. 급기야 사람들은 본능과 핏속의 암흑 신을 예찬하기에 이르렀는데, 그런 비교秘敎의 사제들 사이에서 우정은 아예 불가능합니다. 이러한 새 시대에는, 이전에 우정을 높여 주던 모든 것이 이제는 우정을 깎아내리는 도구가 되었습니다. 우정에는 현대의 감상주의자들을 만족시킬 만한 눈물 어린 미소나 팬시용 책이나 어리광 부리는 말투가 없습니다. 그 원시주의자들primitivists이 혹할 만한, 피와 애를 끓게 하는 무언가가 없었습니다. 우정은 그저 시시하고 매가리 없는 것으로 보였습니다. 육적인 사랑에 대응되는, 일종의 채식주의자의 대용식으로 보였습니다.

다른 원인도 기여했습니다. 인간을 단순히 동물이 발전하고 복잡화한 형태로 생각하는 사람들—지금도 이들이 다수입니다—에게는, 동물적 기원과 생존 가치survival value를 확증해 주지 않는 그 어떤 형태의 행동도 의심스러울 뿐입니다. 따라서 그들에게 우정은 그다지 눈에 차지 않습니다. 게다가 개인보다 집단을 더 중시하는 관점은 필연적으로 우정을 경시할 수밖에 없습니다. 우정이란 개인의식이 최고 수준에 이른 사람들이 맺는 관계이기 때문입니다. 고독이 그러하듯, 우정 역시 사람들을 집단의 '연대감'으로부터 이탈시킵니다. 그러나 우정이 고독보다 더 위험한 이유는, 우정은 사람들을 두세 명씩 묶어서 이탈시키기 때문입니다. 자연히 모종의 민주적 정서는 이에 대해 반감을 느낍니다. 우정이란 소수를 따로 선택하는 일이기 때문입니다. "이 사람은 내 친구야"라는 말에는 '저 사람은 아니다'는 의미가 내포되어 있습니다.

이러한 여러 이유를 근거로, 우정에 대한 옛 시대의 평가가 옳다고 생각하는 (저 같은) 사람은 우정에 관해 논할 때 무엇보다도 우정의 명예 회복부터 시도하지 않을 수 없습니다. 이는 출발 단계에서부터 제게 대단히 성가신 파괴 임무 하나를 부여

합니다. 진지하고 견실한 모든 우정이 실제로는 동성애에 불과하다고 말하는 현대의 이론부터 먼저 논박해야 하기 때문입니다.

여기서 중요한 것은 **실제로는**really이라는 위험한 단어입니다. '모든 우정은 의식적이고도 명백하게 동성애다'라고 한다면 이는 뻔히 틀린 말일 것입니다. 그래서 우리 시대의 똑똑한 체하는 사람들은 우정이 (무의식적이고 비밀스럽고 무언가 특별한 의미에서) **실제로는** 동성애라는, 모호한 주장 속으로 도피합니다. 물론, 이런 식의 주장은 증명할 수도 없지만 반박할 수도 없습니다. 우정을 나누는 두 친구의 행위를 아무리 관찰해 보아도 동성애의 명확한 증거를 전혀 발견할 수 없다는 사실을 제시해도, 그 똑똑한 체하는 사람들은 전혀 당황하지 않습니다. 그들은 오히려 진지한 태도로 "그야, 당연하지요"라고 말할 뿐입니다. 증거 부족 자체를 증거로 취급하는 것입니다. 연기가 나지 않는다는 사실을, 불이 아주 조심스럽게 감춰져 있는 증거로 보는 것입니다. 물론 그럴 수도 있습니다. 만일 불이 있다면 말입니다. 그러나 먼저는 불이 있다는 사실부터 증명해야만 합니다. 그렇지 않으면 위 주장은 이런 식이 되고 맙니다, "만일 의자 위에 보이지 않는 고양이가 있다면, 그 의자는 비어 보일 것이다. 그런데 지금 의자가 비어 보인다. 즉, 지금 그 의자에는 보이지 않는 고양이가 있는 것이다."

보이지 않는 고양이에 대한 믿음은, 어쩌면 논리적으로는 논박할 수 없을 것입니다. 그러나 그렇게 믿는 사람들에 대해서는 많은 것을 말해 줍니다. 우정을 사랑의 실체로 보지 못하고 에로스가 위장되거나 정교화된 상태로 여기는 것은, 한 번도 진정한 친구를 사귄 적이 없음을 시사합니다. 우리가 비록 한 사람을 에로스와 우정 모두로 사랑할 수는 있지만, 이 둘만큼 서로 닮지 않은 것도 없다는 사실을 잘 알고 있습니다. 연인들은 늘 자기들의 사랑에 대해 이야기를 나누는 반면, 친구들은 자기들의 우정에 대해서 좀처럼 이야기하지 않습니다. 연인들은 대개 얼굴을 마주 보며 서로에게 빠져 있는 반면, 친구들은 나란히 앉아 공통된 관심사에 빠져 있습니다. 무엇보다도, 에로스는 (지속되는 동안에는) 반드시 그 둘만의 일이어야 합니다. 그러나 우정에서 둘은 필수적인 숫자도 아닐 뿐더러 가장 좋은 숫자도 아닙니다. 여기에는 중요한 이유가 있습니다.

어느 글에선가 램Charles Lamb은, 만일 세 친구(A와 B와 C) 중에서 A가 죽는다면 B는 단순히 A만 잃을 뿐 아니라, 'C 안에 있던 A의 일부'까지 잃는 것이며, 또 C도 A만 잃을 뿐 아니라 'B 안에 있던 A의 일부'까지 잃는 것이라고 말한 적이 있습니다. 친구들 각자에게는, 나 말고 어떤 다른 친구만이 완전히 끌어내 줄 수 있는 무언가가 있습니다. 나는 친구의 전인全人을 불러내어 활동시킬 만큼 큰 사람이 못됩니다. 그래서 나는 나 아닌 다른 빛을 통해서 내 친구의 모든 측면이 다 드러나기를 원하는 것입니다. 찰스가 죽었으므로, 이제 저는 찰스 특유의 농담에 로날드가 했던 반응을 다시는 볼 수 없게 되었습니다.

찰스가 사라지면, 저는 로날드를 '독차지' 함으로써 로날드를 더 많이 얻게 되는 것이 아니라 오히려 그를 덜 갖게 되는 것입니다. 이렇게 참된 우정은 사랑 중에서 가장 질투가 적은 사랑입니다. 두 친구는 친구가 늘어나 셋이 되는 것을 즐거워하고, 셋은 넷이 되는 것을 즐거워합니다. 물론 그 새 사람이 진정한 친구가 될 만한 자격이 있는 사람이라면 말입니다.

그들은, 단테의 《신곡》에 나오는 그 복된 영혼들처럼, "우리의 사랑을 풍성하게 해 줄 사람이 저기 오는 도다"라고 말할 수 있습니다. 왜냐하면 이 사랑은 '나눈다고 줄어드는 것이 아니기' 때문입니다. 물론 마음이 통할 수 있는 사람이 적다는 현실—모임 장소의 크기나 말소리의 전달 여부 등 실제적인 문제는 말할 것도 없고—로 인해, 친구의 수가 증가하는 데는 한계가 있습니다. 그러나 그러한 한계 내에서는, 친구를 함께 공유하는 사람들의 수가 늘면 늘수록 덜이 아니라 더 많이 소유하게 됩니다. 이런 점에서 우정은 영광스럽게도 천국 자체에 대해 '유사성으로서의 가까움' 을 보입니다. 천국은 (도저히 셀 수 없을 만큼) 허다한 축복받은 이들이 저마다 하나님을 누리며 맺는 열매들 fruition을 증가시키는 곳입니다. 왜냐하면 각기 고유의 방식대로 하나님을 뵈옵는 그 영혼들은 분명 나머지 사람들에게 자신이 본 그 고유한 비전을 전달해 줄 것이기 때문입니다. 이것이 바로, 과거에 어떤 분이 말했듯이, 이사야가 본 비전에서 세라핌 천사들Seraphim이 **서로에게** "거룩하다, 거룩하다, 거룩하다"라고 외쳤던 이유입니다(이사야 6장 3절). 이처럼 천상의 양식은 함께 나누는 사람이 많으면 많을수록, 각 사람은 더 풍성히 얻게 됩니다.

따라서 제게는 (우정에 관한) 동성애 이론이 전혀 그럴 듯해 보이지 않습니다. 그렇다고 우정과 비정상적 에로스가 결합하는 일이 전혀 있을 수 없다는 뜻은 아닙니다. 어느 시대 어떤 문화에든지 그런 오염된 결합이 일어나는 경향은 있었던 것으로 보입니다. 그것은 주로 호전적 사회에서 전사와, 그의 갑옷을 들고 다니는 어린 시종 내지 종자 사이에서 종종 벌어졌던 것 같습니다. 전장에는 여자가 없다는 것도 한 요인이었을 것입니다. 만일 그런 오염이 어디서 들어온 것인지를 판단해야 하고 또 할수 있다면, 어떤 **추론적** 이론이 아니라 반드시 증거(만일 존재한다면)에 의해 판단해야 합니다. 키스나 눈물이나 포옹 등은 그자체만으로는 동성애의 증거가 되지 못합니다. 만일 된다고 하면, 뒤따르는 결론은 우습기 그지없습니다. 생각해 보십시오. 베어울프Beowulf를 포옹했던 흐로즈가Hrothgar, 보스웰James Boswell을 포옹했던 존슨Samuel Johnson(모두 이성애자로 악명 높았던 이들인데), 또 부대의 해산을 앞두고 서로들 부둥켜안고 마지막 키스를 나누었다고 타키투스[38]가 전하는 그 난폭한 털북숭이 백부장들…… 그들이 다 동성애자였단 말입니까? 만일 여

---

38) Gaius Cornelius Tacitus(c. 56 – c. 117). 로마의 역사가.

러분이 이것을 믿을 수 있다면, 뭐든 다 믿을 수 있을 것입니다. 역사 전체를 펼쳐 놓고 보자면, 특별한 설명이 필요한 부분은 선조들이 우정을 표현하는 데 그 제스처를 사용했다는 점이 아니라, 왜 지금 우리는 그런 제스처를 사용하지 않느냐 하는 점입니다. 보조를 못 맞추고 있는 이들은 그들이 아니라 우리입니다.

앞서 우정이 사랑 중에서 가장 덜 생물학적인 사랑이라고 말한 바 있습니다. 개인이든 사회든 우정 없이도 얼마든지 생존할 수 있습니다. 그러나 흔히 우정으로 혼동되는 무언가로서, 공동 사회에 반드시 필요한 것이 있습니다. 그것은 우정 자체는 아니지만, 우정의 모체matrix라고 할 만한 무엇입니다.

초기 공동사회에서는 사냥꾼이나 전사로서 남성들 간의 협력은, 아이를 낳고 기르는 일 못지않게 필수적이었습니다. 전자를 등한히 여기는 종족은, 후자를 등한히 여기는 종족 못지않게 사멸의 길로 직행할 수밖에 없었습니다.

역사가 시작되기 오래 전부터, 남성들은 여성들로부터 따로 떨어져 함께 일했습니다. 그럴 수밖에 없었습니다. 그런데 해야만 하는 일을 즐기며 하는 것은 존속될 가치가 있는 인간적 특성입니다. 단순히 그런 일을 해야 할 뿐 아니라 그에 관한 이야기도 나눠야 했습니다. 앞으로 있을 사냥과 전투를 계획해야만 했고, 그런 일이 끝나면 **사후**post mortem事後 모임을 통해, 장래를 위해 더 나은 방법을 모색해 두어야 했습니다. 남성들은 이런 일을 더 좋아했습니다. 겁쟁이나 서투른 이들을 조롱하거나 벌 주었고, 수완이 특출한 이들을 칭송했습니다. 또 전문적인 기술에 대해 말하기를 굉장히 즐겼습니다. ("바람이 그런 식으로 불 때는 그 짐승에게 다가갈 수 없다는 것을 그는 알고 있었던 것 같아." "자 봐, 내 화살촉은 더 가벼워. 그래서 그렇게 할 수 있었던 거야." "내가 늘 일러 주는 말이지만……" "바로 이렇게 공격하란 말이야, 알겠어? 내가 지금 이 막대기를 이렇게 잡고 있는 식으로 말이야."……)

사실, 남성들은 일에 대해 이야기하기를 즐겼던 것입니다. 그들은 같은 기술, 같은 위험과 어려움, 같은 농담을 공유하고 있는 동료 전사들, 사냥꾼들과 함께 모이는 것을 굉장히 좋아했습니다. 어떤 사람이 익살스럽게 표현했듯이, 구석기 시대 남자들이 어깨 위에 '클럽club'(방망이)을 메고 다녔을는지는 확실치 않으나, 분명 다른 의미의 '클럽club'(사교 모임)은 갖고 있었을 것입니다. 그런 클럽은 아마도 그의 종교의 일부였을 것입니다. 멜빌Herman Melville의 《타이피Typee》에 나오는 그 노예들이 매일 저녁 '멋진 안식처' 삼아 모였다는 그 신성한 흡연 클럽처럼 말입니다.

그렇다면 그 시간에 여자들은 무얼 하고 있었을까요? 어떻게 알 수 있겠습니까? 저는 남자인데다가, 결코 그 보나 데아Bona Dea[39]의 비밀 제의祭儀를 염탐해 본 적이 없기 때문입니다. 그들에게도 분명 남자들이 배제된 어떤 의식儀式들이 있었을 것입니다. 흔히 그랬듯이 농사일이 여자들의 소관이었을 때는 그들도 분명 남자들처럼 서로 모여 기술과 고생과 성취감을 나누었을 것입니다. 그러나 아마도 여자들의 세계는, 남자들의 세계가 남성적이었던 정도만큼 그렇게 확연하게 여성적이지는 않았을 것입니다. 그들 곁에는 늘 아이들이 있었을 터이고, 아마 남자 노인들도 함께 있었을 것이기 때문입니다. 그러나 이는 추측일 따름입니다. 저는 다만 남성의 경험을 따라서 우정의 전前역사를 추적할 수 있을 뿐입니다.

매일같이 서로를 검증하는 남자들 사이의 이러한 협력과 일이야기와 상호 존중과 이해의 즐거움은 생물학적 가치를 지니고 있습니다. 여러분은 아마 이것을 '군집 본능'의 산물이라고 부르고 싶을 것입니다. 그러나 제가 보기에 그런 명칭을 쓰는 것은, 굳이 **본능**이라는 말을 쓰지 않아도 이미 너무 잘 이해하고 있는 무언가—지금 이 순간에도 수많은 고위 사관실士官室, 술집, 학교 휴게실, 군대 식당, 골프 클럽 등에서 일어나고 있는 일들—에 공연히 어렵게 접근하는 방법 같아 보입니다. 그보다는 동료 의식Companionship—혹은 동호회원 의식Clubbableness—이라는 말을 사용하고 싶습니다.

그러나 이러한 동료 의식은 우정의 모체일 뿐입니다. 흔히 우정으로 불려지기도 하며, 많은 사람들이 '친구'라는 말을 동료

---

39) 로마 종교에서 땅의 풍요와 여인의 다산多産을 관장하는 신.

라는 의미로 사용하지만, 그런 것은 제가 말하는 의미의 우정이 아닙니다. 그렇다고 제가 단순한 동료 관계를 무시하는 것은 절대 아닙니다. 은과 금을 구별하자는 말이 은을 무시하는 말이 아니듯 말입니다.

단순한 동료 의식으로부터 우정이 싹트기 시작하는 것은, 동료 중 어떤 두 사람(혹은 그 이상)이 다른 동료에게는 없는 어떤 공통된 본능이나 관심사나 취향—그 순간 전까지만 해도 각자 자기에게만 있는 고유한 보물(또는 짐)이라고 생각했던 것—이 있다는 사실을 발견할 때입니다. 우정이 시작되고 있음을 알려 주는 전형적인 표현은 이런 것입니다. "뭐, 너도? 나는 나만 그런 줄 알았는데!"

우리는 그 원시 사냥꾼이나 전사 중에서 어떤 개인이 (백 년에 한 번 내지 천 년에 한 번 정도) 다른 이들은 보지 못했던 무언가를 보게 되는 다음과 같은 순간을 상상해 볼 수 있습니다. 가령, 사슴이 단순히 먹거리일 뿐 아니라 아름답기도 하다는 사실을 깨닫는 순간, 사냥이 그저 하는 수 없이 해야 하는 생업일 뿐 아니라 재미있는 일이기도 하다는 사실을 깨닫는 순간, 혹은 자신의 신이 단순히 힘 있는 존재일 뿐 아니라 거룩한 존재일지도 모른다는 생각이 드는 순간 등. 그러나 한 개인이 이러한 깨달음을 갖게 되었을지라도, 자신과 통하는 다른 영혼을 발견하지 못한 채 죽는 한은 (제가 생각하기에) 어떤 일도 생기지 않습니다. 예술도, 스포츠도, 영적인 종교도 태어나지 못합니다. 이런 것이 태어나는 때는, 그러한 사람 둘이 (커다란 난관과 암중모색을 거쳐 겨우겨우, 혹은 놀라울 정도로 빠르고 쉽게) 서로를 발견하거나 서로 자신의 비전을 나누게 될 때입니다. 우정이 태어나는 것은 바로 그런 때입니다. 그리고 즉시 그들은 이제 함께 거대한 고독 속에 처하게 됩니다.

연인은 일부러 프라이버시를 추구합니다. 반면, 친구는 원하든 원치 않든 그들을 둘러싸고 있는 이러한 고독, 그들과 군중 사이에 쳐진 장벽을 만나게 됩니다. 그러한 고독이나 장벽이 줄어든다면 그들은 기뻐할 것입니다. 처음 두 친구는 세 번째 친구를 발견한다면 기뻐할 것입니다.

오늘날도 우정은 동일한 방식으로 생겨납니다. 물론 오늘 우리에게 우정을 불러일으키는 공동 활동이나 동료 의식은 사냥이나 싸움 같은 신체적인 것이 아닐 때가 많습니다. 어떤 공동의 종교, 공동의 연구, 공동의 직업, 심지어는 공동의 여가 활동일 수 있습니다. 그런 것을 함께 나누는 사람은 누구나 우리의 동료입니다. 그러나 친구는 동료 중에서도 자신과 그 이상의 무언가를 더 나누고 있는 사람—한 사람 내지 두세 사람—일 것입니다. 이런 종류의 사랑에서는, 에머슨Ralph Waldo Emerson이 말했듯이 **당신은 나를 사랑합니까** 라는 말은, **당신도 같은 진리를 보고 있습니까**—혹은 적어도, **당신도 이 진리에 관심이 있습니까**—라는 의미입니다. 다른 사람들은 대수롭지 않게 여기는 어떤 문제를 실은 굉장히 중요한 문제라고 자신과 더불어 생각하는 사람은 친구가 될 수 있습니다. 그 문제에 대한 해답까지 생각이 꼭 같을 필요는 없지만 말입니다.

이렇게 우정은 그 모체인 동료 의식의 특성을, 좀더 개인적이고 사회적 필요성이 덜한 차원에서 보여 주고 있다는 점을 주목하기 바랍니다. 동료란 함께 같은 일—사냥, 연구, 그림 그리기 등—을 하는 사람입니다. 친구 역시 어떤 일을 함께 하는 사람이긴 하지만, 그 일은 더 내적이며 더 소수의 사람과 공유되며 덜 명확히 규정되는 일입니다. 즉, 친구들은 같이 사냥하지만 그 사냥이란 어떤 정신적인 사냥감을 좇는 일이며, 어떤 일에 힘을 함께 모으지만 그 일이란 세상이 아직까지 관심을 갖지 않은 일이며, 함께 여행하지만 그 여행이란 전혀 다른 종류의 여행입니다. 그래서 우리는 연인은 서로를 마주 보고 있는 모습으로 그리지만, 친구는 나란히 있는, 함께 앞을 바라보는 모습으로 그리는 것입니다.

이것이 바로 '단지 친구를 원할 뿐인' 감상적인 사람들이 친구를 사귀지 못하는 이유입니다. 친구가 생길 수 있는 조건 자체가 바로, 친구 외에 원하는 다른 무언가가 있어야 한다는 점이기 때문입니다. **당신도 같은 진리를 보고 있나요** 라는 질문에 대한 솔직한 대답이 "내겐 아무것도 보이지 않아요. 진리엔 관심도 없어요. 다만 친구를 원할 뿐이에요"일 경우, 어떠한 우정도 생길 수 없습니다(물론 애정은 생겨날 수 있겠지만 말입니다). 왜냐하면 거기엔 우정의 **주제**가 결여되어 있기 때문입니다. 우정은 어쨌거나 무언가에 대한 우정일 수밖에 없기 때문입니다. 하다못해 도미노 게임이나 햄스터에 대한 열광일지라도 말입니다. 아무것도 없는 사람은 아무것도 나눌 수 없습니다. 아무 데도 가지 않고 있는 사람에게는 길동무가 생길 수 없습니다.

같은 비밀스러운 길을 걷고 있음을 발견한 두 사람이 이성異性일 때, 그들 사이에 생겨나는 우정은 대단히 쉽게—어쩌면 시작된 지 30분만에도—에로스로 넘어갈 수 있습니다. 정말이지 서로의 육체에 대해 혐오감을 갖고 있거나, 둘 중 한 사람이나 두 사람 모두에게 이미 사랑하는 사람이 있는 경우가 아니라면, 머지않아 거의 확실히 그렇게 됩니다.

또 반대로 연인간의 에로스 사랑이 우정으로 이어질 수도 있습니다. 그런데 이런 경우, 그 두 가지 사랑은 구별이 모호해지기는커녕 오히려 더 분명해집니다. 당신과 깊고 온전한 우정을 나누어 왔던 어떤 사람이 점차로, 혹은 갑자기 연인이 될 경우, 당신은 그 사람과 나누는 에로스를 결코 다른 누구와 공유하려 하지 않을 것입니다. 그러나 우정을 다른 사람들과 함께 나누는 일에는 전혀 질투심을 느끼지 않을 것입니다. 나의 연인이 나의 친구들과 깊고 참된 우정을 자연스럽게 맺어 가는 모습을 볼 때, 에로스는 한층 더 풍요로워집니다. 우리 둘만 에로스로 연합되어 있을 뿐 아니라, 셋, 넷, 다섯인 우리 모두가 동일한 것을 추구하는 여행자이며 공동의 비전을 갖고 있음을 느끼기 때문입니다.

우정과 에로스의 공존은, 우정도 사랑의 하나이며 에로스 못지않게 위대한 사랑이라는 사실을 깨닫는 데 도움을 줍니다. 당신이 친구와 '사랑에 빠져서' 결혼한 행운아라 가정해 봅시다. 그리고 이제 당신 앞에 다음과 같은 양자택일의 상황이 벌어진다고 생각해 보십시오. "이제 두 사람은 연인 관계를 끝내는 대신 평생 함께 같은 하나님, 같은 아름다움, 같은 진리를 추구하는 동반자가 되거나, 아니면 그런 것들은 모두 잃어 버리는 대신 평생 에로스의 황홀과 열정, 모든 경이와 야성적 갈망을 그대로 유지하거나, 둘 중 **하나만**을 선택할 수 있다. 원하는 쪽을 택하라." 당신은 어느 쪽을 선택하겠습니까? 어느 쪽을 선택한들 후회가 없을 수 있을까요?

지금까지 저는 우정의 '불필요한' 성격을 강조해 왔는데, 정당성을 인정받기 위해선 좀더 자세한 설명이 필요합니다.

우정이 공동사회에 실질적으로 유용하다고 주장하는 사람이 있을 수 있습니다. 사실, 모든 문명화된 종교는 어떤 소규모 친구 모임에서 시작했습니다. 수학도 고대 그리스의 몇몇 친구들이 함께 수數나 선線이나 각角 등에 대해 이야기를 나누다가 시작되었습니다. 지금의 왕립학술원Royal Society도 본래는 여가 시간에 함께 만나 자신들이 좋아하는 어떤 (대부분의 사람들은 관심 갖지 않던) 주제에 대해 토론했던 몇몇 신사들의 모임이었습니다. 지금 우리가 '낭만주의 운동'이라고 부르는 것도 전에는 워즈워스 씨와 콜리지 씨가 자신들이 가진 어떤 비밀스런 비전에 대해 (적어도 콜리지의 경우) 쉴 새 없이 이야기했던 모임이었습니다. 공산주의, 옥스퍼드 운동Tractarianism[40], 감리교, 노예제 폐지운동, 종교개혁, 르네상스가 모두 다 이런 식으로 시작되었다고 말해도 아마 큰 과장은 아닐 것입니다.

물론 우정에는 이런 측면이 있습니다. 하지만 대부분의 독자는 위의 운동 중 어떤 것은 사회에 유익이 됐고 어떤 것은 해가됐다고 생각할 것입니다. 만일 그렇다면 이러한 예는, 우정이 잘하면 사회에 이로울 수도 있지만 반대로 해로울 수도 있음을 보여 줍니다. 또 이롭다는 측면에서 보더라도, 우정이 가진 가치는 생존 가치survival value가 아니라, '문명 가치civilization value'입니다. 다시 말해, 우정은 (아리스토텔레스의 표현을 빌면) 단순히 사회가 생존하는 데 필요한 무엇이 아니라, 잘 살도록 돕는 무엇입니다. 생존 가치와 문명 가치는 어느 시대, 어떤 환경에서는 일치할 수도 있으나, 항상 그렇지는 않습니다. 어쨌든 분명한 것은, 우정이 사회가 써먹을 수 있는 열매를 맺는 경우 그 열매란 일종의 부산물로서 우연히 생긴 것이어야 한다는 점입니다. 그렇지 않은 경우들, 가령 로마의 황제숭배나 '문명을 구해 줄' 수단으로서 기독교를 '파는' 현대적 시도들처럼 사회적 목적을 위해 고안된 종교는 결국 대단치 않은 것이 되고 맙니다. 정말로 세상을 변화시키는 자들은, '세상'에 등을

---

40) 영국 성공회 내에 일어난 가톨릭주의 부흥 운동.

돌린 소수의 친구들입니다. 이집트나 바빌로니아의 수학은 농업이나 마술에 써먹기 위해 연구된 실제적이고 사회적인 수학이었습니다. 그러나 지금 우리에게 훨씬 더 중요한 수학은, 친구들이 함께 모여 일종의 여가 활동으로서 연구한 자유로운 그리스의 수학입니다.

또 어떤 사람은, 각 개인에게 우정은 매우 유용하며 어쩌면 생존에 꼭 필수적이라고 주장할 수 있습니다. 많은 증거도 제시할 수 있습니다. "뒤에 친구가 없는 사람의 등은 무방비 상태다"랄지, "어떤 친구는 형제보다 더 가깝다"라는 등의 속담도 포함해서 말입니다. 그러나 이런 말을 할 때 우리는 **친구**를 '동맹자ally'의 의미로 사용하는 것입니다. 일상적 어법에서 **친구**는 그 이상의 것을 의미하며, 또 그래야 합니다. 물론 친구는 동맹이 필요해지면 기꺼이 동맹자로 나서 줄 것입니다. 즉, 우리가 궁핍해지면 돈을 빌려 주거나 그냥 줄 것이며, 아프면 간호해 주며, 우리 편이 되어 적들과 싸워 주며, 우리가 죽으면 아내나 자녀들을 힘닿는 대로 도와줄 것입니다.

그러나 그러한 선한 직무가 우정을 이루는 본체는 아닙니다. 오히려 그러한 직무들이 우정에는 훼방거리일 수도 있습니다. 그것들은 어떤 면에서는 우정과 관련 있으나, 또 어떤 면에서는 그렇지 않습니다. 관련이 있다 함은, 그럴 필요성이 생겼을 때 그런 직무를 감당하지 않으면 거짓된 친구가 되기 때문입니다. 그러나 또 관련이 없다 함은, 그렇게 도움을 주는 것은 어디까

지나 친구 역할에서 부수적이요 심지어 이질적이기도 하기 때문입니다. 그런 역할은 거의 우리를 당혹스럽게 만듭니다. 왜냐하면 우정은 애정과 달리, 다른 사람의 필요로부터 전적으로 자유로운 사랑이기 때문입니다. 우리는 우리의 증여나 대부貸付나 밤샘 간호 등이 필요했다는 사실을 그저 유감으로 여깁니다. 그러고는 곧 "자, 그런 것은 다 잊어 버리고, 이제 우리가 정말로 좋아하는 일과 대화로 돌아가자"고 말합니다. 이 사랑에서는 고맙다는 말도 관계를 풍요롭게 해 주는 말이 못 됩니다. 여기서는, "뭘 그런 걸 가지고Don't mention it" 같은 상투적인 표현이 정말 우리가 느끼는 것을 그대로 표현해 주는 말입니다. 완벽한 우정의 표지는 곤경에 처할 때 도움을 주고받는다는 사실이 아니라, 도움을 주고받은 뒤에도 두 사람 사이에 아무런 변화가 없다는 사실에 있습니다. 그것은 잠깐 다른 일을 한 것이요 이례적인 일에 불과합니다. 그것은 두 사람이 함께 보내는 너무도 아까운 시간을 끔찍하게 낭비한 것에 불과합니다. 함께 이야기 나눌 시간이 그저 몇 시간 뿐인데 이런 **신상문제**affairs에 벌써 이십 분이나 썼다니! 하는 식입니다.

왜냐하면 친구들은 서로의 신상에 대해서는 관심이 없기 때문입니다. 에로스와 달리 우정은, 상대에 대해 꼬치꼬치 알려고 하지 않습니다. 어떤 사람이 결혼했는지 독신인지 혹은 직업이 무엇인지 전혀 모르거나 신경 쓰지 않고서도 그 사람과 친구가 됩니다. 이러한 '상관없는 문제들, 단순한 사실의 문제'가 **당신**

도 같은 진리를 보십니까 라는 질문과 무슨 관계가 있겠습니까? 진짜 친구들의 모임에서 각 사람은 그저 자기 자신일 뿐입니다. 어떠한 꼬리표도 붙지 않습니다. 누구도 상대의 가족이나 직업, 계급이나 수입, 인종이나 과거사에 대해 눈곱만큼도 신경 쓰지 않습니다. 물론 시간이 지나면 결국 대부분 그러한 사실에 대해서도 알게 됩니다. 그러나 그것은 다만 우연히 그렇게 될 뿐입니다. 어떤 예나 비유를 들거나 어떤 일화를 이야기하는 와중에 조금씩 나타날 뿐, 결코 중심적인 관심사가 되지 못합니다. 이것이 바로 우정의 왕적인 위엄the Kingliness of Friendship입니다. 우리는 각자 독립된 나라의 군주로서, 각자의 배경을 떠나 어떤 중립적인 지대에서 서로 만나는 것입니다. 이 사랑은 (본질적으로) 우리의 육체뿐 아니라, 가족이나 직업이나 과거나 연고, 하여간 우리에게 붙어 있는 모든 것을 다 무시합니다. 집에서는 우리가 피터나 제인이라는 사실 외에도 잡다한 신분이 따라옵니다. 우리는 남편이거나 아내이며 형제이거나 자매이며 우두머리이거나 동료이거나 부하입니다. 그러나 친구 사이에서는 그렇지 않습니다. 우정은 그런 것으로부터 해방된, 모두 다 벗어 던진 영혼 사이의 일입니다. 에로스에서는 벌거벗은 몸이 만나지만, 우정에서는 벌거벗은 인격이 만납니다.

이렇듯 이 사랑에는 절묘한 독단성과 무책임성이 있습니다(오해 없이 들어 주시기를 바랍니다). 즉, 저는 누군가의 친구가 될 의무가 없고, 세상의 누구도 저의 친구가 될 의무는 없습니다. 여기에는 어떠한 권리 주장도, 어떠한 필연성도 있을 수 없습니다. 우정은, 철학이나 예술이나 이 우주처럼 (하나님이 창조하실 필요가 있었던 것은 아니므로) 불필요한 것입니다. 우정은 우리의 생존에 직접 도움을 주는 가치를 전혀 갖고 있지 않습니다. 오히려 우정은, 우리의 생존을 가치 있게 만드는 요소 중의 하나입니다.

친구는 어깨를 나란히 하고 있는 반면 연인은 서로를 마주보고 있다고 말했던 것은, 그런 두 가지 자세에서 드러나는 필연적인 대조를 지적하고자 했던 것입니다. 그러나 그 이미지를 그 이상으로 강조해서는 안 됩니다. 친구들이 그들 서로가 아닌 다른 무엇을 함께 바라보고 추구한다고 해서, 그런 몰두로 인해 서로에 대해 무지하거나 무심해지는 것은 결코 아닙니다. 오히려 반대로, 우정은 상호간에 사랑과 지식이 존재할 수 있게 해주는 매개물입니다. '길동무'만큼 우리가 잘 아는 사람도 없습니다. 같은 길을 함께 한 걸음 한 걸음 걸을 때마다 그의 진상이 테스트됩니다. 그 테스트는 우리 역시 받고 있는 것이기에 우리도 잘 알고 있는 테스트입니다. 그래서 거듭거듭 그의 진가를 확인하게 되면, 그를 향한 신뢰와 존경과 칭찬은 더없이 확고해지며 지식에 근거한 감상의 사랑으로 꽃피어 납니다. 그렇지 않고 만일 우리가 처음부터 우정의 '주제'보다는 우정의 대상 자체에 더 큰 관심을 가졌다면, 우리는 그를 그렇게 잘 알게 되지도, 사랑하게 되지도 못했을 것입니다. 정부情婦를 바라보는 듯한 눈빛으로는, 어느 누구에게서도 전사를, 시인을, 철학자를, 그리스도인을 발견할 수 없습니다. 그보다는, 그 사람 곁에서 함께 싸우고, 함께 책을 읽고, 함께 논쟁하고, 함께 기도하는 것이 바른 길입니다.

완벽한 우정 관계에서는, 우정을 나누는 친구들 각자의 마음에 이런 감상의 사랑이 강하고 확고하게 자리 잡고 있어서, 흔히 저마다 자신이 나머지 친구들에 비해 부족하다고 느낍니다. 나보다 훨씬 나은 사람들 사이에 껴서 지금 내가 뭐하는 건가 하는 생각이 들기도 합니다. 그런 사람들과 친구가 된 것을 행운으로 여깁니다. 특히 모두가 함께 모여 서로가 서로에게서 가장 좋고, 가장 지혜롭고, 가장 재미있는 면들을 이끌어 내는 시간엔 더욱 그렇습니다. 그런 때는 정말 황금과도 같은 시간입니다. 하루의 고된 일과를 마치고 네댓 명이 함께 방에 모일 때, 실내화를 신고 벽난로 불꽃을 향해 다리를 뻗은 채, 마실 것을 팔꿈치에 놓아 두고 있을 때, 이야기를 나누는 중에, 전 세계와 세계 너머에 있는 그 무엇이 우리 마음에 밝히 드러날 때, 서로에 대해 아무런 권리도 책임도 없이, 마치 한 시간 전에 처음 만난 사람들 마냥 서로 동등한 자유인으로서 만나는 시간, 그러면서 동시에 오랜 세월 동안 익어 온 애정이 우리를 감싸는 그런 시간 말입니다. 삶—자연적 삶—에서 이 이상 좋은 선물은 없습니다. 과연 어느 누가 자격이 있어서 이런 선물을 받는다고 할 수 있겠습니까?

지금까지의 이야기를 통해 볼 때, 대부분의 시대 대부분의 사회에서 우정은 남성과 남성 사이, 여성과 여성 사이에 존재했던 것이 분명합니다. 이성은 애정과 에로스로 만나지만, 우정은 그렇지 않습니다. 왜냐하면 남자와 여자는 우정의 모체인 동료 의식이 생길 수 있는 공동 활동을 함께한 경우가 드물었기 때문입니다. 남자들은 교육을 받은 반면 여자들은 그렇지 못한 경우, 한 성性은 일하는 반면 다른 성은 한가로이 지내는 경우, 혹은 서로 전혀 다른 일을 하는 경우, 그들 사이에 우정의 주제가 될 만한 소지가 없습니다.

그러나 분명한 것은 이성간의 우정이 드문 이유가 이런 상황 탓이지, 이성간의 본질상 차이 때문은 아니라는 점입니다. 왜냐하면 그들이 동료로 일하는 것이 가능하다면, 친구로 맺어지는 것 또한 가능하기 때문입니다.

(제 직업처럼) 남자와 여자가 함께 일하는 직업이나, 선교지나, 작가나 예술가 중에서는 이성간에 우정이 흔히 나타납니다. 한 쪽에서는 우정인데, 다른 쪽에서 에로스로 오해하는 바람에 고통스럽고 당혹스런 결과가 생겨나는 경우도 물론 있습니다. 또, 처음에는 우정으로 시작했다가 나중에 에로스로 변할 수도 있습니다. 그러나 어떤 것이 다른 무엇으로 오해받거나 변할 수 있다는 말이, 그 둘 사이의 차이를 부인하는 말은 아닙니다. 오히려 그 차이를 내포하는 말입니다. 그렇지 않다면 우리는 아예 '변한다'거나 '오해받는다'라는 표현은 쓰지 않았을 것이기 때

문입니다.

어떤 면에서 지금 우리 사회는 불행한 사회입니다. 남자와 여자가 전혀 같은 일에 종사하지 않고 같은 교육도 받지 않는 세상이라면, 그런 대로 우리는 큰 불편 없이 지낼 것입니다. 남자들은 남자들하고만 우정을 맺는 것으로 만족할 것입니다. 저는 여자들도 마찬가지이기를 희망합니다. 또, 이성간의 우정을 가능케 해 주는 공통 기반이 충분히 마련되는 세상이 있다면, 그곳도 지내기에 불편이 없을 것입니다. 그런데 문제는 지금 우리 사회가 이도 저도 아닌 상태라는 데 있습니다.

이성간의 우정을 위해 필요한 공통 기반, 그 모체가 어떤 그룹에는 존재하는 반면 다른 그룹에는 그렇지 못합니다. 교외의 일반 주택가는 특히 그런 기반이 결여된 곳입니다. 남자들이 돈 버는 일에 인생을 다 쓰는 부자 동네에서는, 여성들은 여가 시간을 이용해 지적인 삶을 향상시키기도 하며 음악이나 문학 등에 조예를 갖습니다. 그런 곳에서, 여성은 남성을 마치 문명인이 야만인 보듯 합니다. 상황이 반대인 동네도 있습니다. 남자나 여자 모두 기초 교육은 받았지만, 그 후에 남자는 훨씬 더 고등한 교육을 받아 의사, 법률가, 성직자, 건축가, 엔지니어, 학자가 된 곳이 그렇습니다. 이런 곳에서 남자는 여성을 마치 어른이 아이 보듯 합니다. 두 동네 모두, 남성과 여성 사이에 결코 참된 우정이 생겨날 수 없습니다. 그러나 이런 상황이 비록 빈곤한 현실이긴 해도 인정하고 받아들이기만 한다면 그럭저

력 참아낼 수 있습니다.

　그런데 우리 시대의 독특한 문제는, 이런 상황에 처한 남자와 여자가 이성간에 그러한 틈이 존재하지 않는 행복한 그룹에 대한 이야기를 하도 자주 듣고 또 그런 모습을 많이 본 나머지, 또 어떤 사람들에게 가능한 일이라면 (또 그렇기에) 모든 사람에게 가능해야 한다는 평등주의적 관념에 홀린 나머지, 자신들의 상황을 인정하기를 거부하는 데 있습니다. 그래서 한편에서는, 여선생 노릇을 하는 아내들이 있습니다. 자기 남편을 '자기 수준으로' 끌어올리기 위해 애쓰는 '교양 높은' 아내입니다. 그녀들은 남편을 콘서트에 끌고 다니고, 사교댄스를 배우라고 종용하며, '교양 높은' 동료 부인을 집으로 초대합니다. 그런데 대개의 경우 이는 놀라우리만치 별로 해가 되지 않습니다. 중년 남자에게는 아내에게 수동적으로 저항하고 또 (그녀는 모르지만) 아내를 너그럽게 받아줄 줄 아는—"여자들은 유행을 타는 법이니까"—탁월한 능력이 있습니다. 훨씬 더 고통스러운 상황은 교양 있는 쪽이 여자가 아니라 남자일 때, 그리고 모든 여자들 또 남자들 중에서도 많은 이들이 그 사실을 인정하지 않을 때 벌어집니다.

　이 경우 남자들은 친절하고 예의바르며 수고스럽고도 딱한 가식을 행해야 합니다. 여성들은 남성 모임의 정식 멤버로 (법률적 표현으로 말하자면) '간주' 됩니다. 단순한 사람들은, 여자들도 이제 남자들처럼 담배 피우고 술 마신다는 것—이 자체는 중요하지 않음에도—을 그들이 정식 멤버라는 증거로 생각합니다. 남자들만의 모임은 절대 허락되지 않습니다. 남자들이 만나는 곳이라면 여자들도 언제나 합석해야 합니다. 그런데 남자들은 사상의 세계에 익숙합니다. 그들은 토론이나 입증이나 예증이 무엇인지 압니다. 반면 학교교육은 받았으나 결혼하고 나서는 학교에서 묻혔던 '지성'의 냄새를 모조리 털어 버린 어떤 여성—읽은 책이라고 해 봐야 여성 잡지가 전부이고 토론이라고는 거의 해 본 적이 없는—이 있다면, 실제로 그녀는 그 모임에 참여할 수 없습니다. 물론 그저 같이 자리에 앉아 있을 수는 있습니다. 그럴 때 어떤 상황이 벌어집니까? 만일 무정한 남자들이라면, 그녀는 자신에게 아무 의미도 없는 대화 시간 내내 지루하게 말없이 앉아 있게 됩니다. 그러나 만일 예의를 아는 남자들이라면, 그들은 그녀를 대화에 참여시키려고 애쓸 것입니다. 번번이 토론을 중단하고서 하나하나 설명해 주며, 그녀가 부적절하고 틀린 말을 해도, 애써 그 말을 어떤 일리 있는 말로 격상시키고자 노력할 것입니다. 그러나 그런 노력은 곧 실패하기 마련이고, 그러면 매너를 위해 그 남자들은 하는 수없이 그 토론을 가십이나 한담이나 농담으로 묽게 타 싱겁게 끝내 버릴 수밖에 없습니다. 이렇듯 그녀의 참석으로 인해 그들이 그녀와 나누려 했던 바로 그것을 망쳐 버린 꼴이 됩니다.

그녀는 그런 모임에 실제로는 동참할 수 없습니다. 그녀가 들어오는 순간 모임은 본래 의도했던 그 모임이기를 멈춥니다. 지평선이, 그 끝에 도달하는 순간 더 이상 지평선이 아니듯 말입니다. 아무리 술 마시고 담배 피우고 또 외설적인 이야기를 할 줄 안다 해도, 실상 그녀가 모임의 목적에 맞게 근접했는지를 보자면 그녀의 할머니보다 일 인치만큼도 더 나아가지 못했습니다. 사실, 그녀의 할머니는 훨씬 더 행복했고 더 현실적이었습니다. 할머니는 여자들끼리 모여 나누는 여자들만의 이야기를 즐겼습니다. 아마도 넘치는 매력과 사리분별과 위트를 가지고서 그랬을 것입니다. 그녀도 얼마든지 그럴 수 있는 여성입니다. 그녀는 자신이 망쳐 놓은 저녁모임의 그 남자들만큼이나, 아니 그들보다 더 똑똑한 사람이었을 수도 있습니다. 하지만 어쨌거나 그녀는 그런 화젯거리에 관심이 없고, 또 그런 대화 방식에 익숙하지도 못합니다(누구나 자신이 관심 없는 주제에 흥미 있는 척 할 때는 아둔해 보이는 법입니다).

그러한 여성들이 무수히 많고 막강하다는 점이 우정이 바닥까지 내려간 현대의 상황을 어느 정도 설명해 줍니다. 흔히 그 여성들은 완전한 승리를 거둡니다. 그들은 주위에서 남성간의 동료 의식과 우정을 모조리 추방합니다. 그들은 모든 지적 대화를 몰아내는 대신 쉴 새 없이 웃고 떠드는 '즐거운 시간'으로 채웁니다. 그들과 함께하는 자리에서는 남자도 모두 여자처럼 말합니다.

우정에 대한 이러한 승리는 흔히 무의식적으로 이루어집니다. 그러나 계획적으로 승리를 쟁취해 내는, 좀더 투쟁적인 타입의 여성들도 있습니다. 저는 어떤 여성이 이렇게 말하는 것을 들은 적이 있습니다. "남자 둘이서만 대화하지 못 하게 하세요. 그렇지 않으면, 남자들은 곧 어떤 **주제**에 대한 이야기를 시작할 것이고, 그러면 정말 재미없게 되어 버린답니다."

이보다 더 딱 맞는 표현도 없을 것입니다. 어떻게 해서든 말을 계속 하되, 많이 하면 할수록 더욱 좋습니다. 쉴 새 없이 떨어지는 말의 폭포를 이루어야 합니다. 그러나 절대, 어떤 주제는 안 됩니다. 절대 하나의 주제에 대한 대화가 되게 해서는 안 됩니다.

이 명랑한—활달하고, 못 말리고, '매력 넘치고', 견딜 수 없이 성가신—숙녀가 원하는 바는, 단지 저녁 시간을 즐겁게 보내고 모임 '분위기를 좋게' 하려는 것입니다. 그러나 우정에 대한 의식적인 전쟁은 더 깊은 수준에서 치러질 수도 있습니다.

우정을 에로스의 적으로 여겨, 증오와 질투심과 두려움으로 바라보는 여성들이 있습니다. 우정을 애정의 적으로 여길 때, 사정은 더 심각해집니다. 그런 여성은 남편의 우정을 끝장내 버릴 무수한 기술을 지니고 있습니다. 남편의 친구들과 말다툼을 벌이거나, 더 효과적으로는 그들의 아내들과 말다툼을 하는 것입니다. 냉소하기, 방해하기, 거짓말하기 등도 가능합니다.

그러나 지금 그녀는, 자기가 그렇게 격려하는 데 성공한 남편이 그녀 자신에게도 별 매력 없는 남자가 되어 버렸다는 사실을 모르고 있습니다. 그녀가 그를 거세해 버렸기 때문입니다. 그녀는 점점 자기 남편을 부끄럽게 여길 것입니다. 또한 지금 그녀는, 남편 삶의 얼마나 많은 부분이 자신이 감시할 수 없는 장소에서 이뤄지는지도 망각하고 있습니다. 결국 새로운 우정이 생길 수밖에 없고, 이번에는 남편이 아내 몰래 비밀스럽게 진행할 것입니다. 곧 다른 비밀도 생겨날 것이 뻔한데, 만약 비밀이 안 생긴다면 그건 순전히 그녀가 운이 좋거나, 아니면 넘치도록 운이 좋은 경우입니다.

물론 이들은 모두 어리석은 여성입니다. 마음만 먹으면 토론과 사상의 세계에 들어갈 자격을 능히 갖출 수 있는 똑똑한 여성들은, 자격이 없을 때는 결코 거기에 끼려 하거나 그 세계를 망쳐 놓으려 하지 않습니다. 그들에게는 다른 중요한 일이 있기 때문입니다. 혼성 파티에 가면 자연스럽게 방 한쪽에 모여 여자들끼리만의 이야기를 나눕니다. 남자들이 그러하듯, 그들 또한 자기네 대화에 남자들이 끼는 것을 원치 않습니다. 어떻게든 이성을 붙잡고 늘어지는 이들은, 남성이든 여성이든 그중 제일 변변치 못한 이들입니다.

우리는 부디 서로를 봐 주도록 합시다. 그들은 우리를 엄청 우스꽝스러워합니다. 그리고 마땅히 그래야 합니다. 같은 일에 종사하지 않는 이성들이, 서로를 다만 애정과 에로스로만 만날 수 있는—서로 친구는 될 수 없는—상황에서 상대편이 성을 우스꽝스럽게 느끼는 것은 건강한 일입니다. 사실 이는 언제나 건강한 일입니다. 이성을 제대로 감상하는 사람이라면, 어린아이나 동물을 감상할 때도 그렇듯이 누구나 때로 상대가 우습다고 느끼기 마련입니다. 사실이 그렇기 때문입니다. 인간은 희비극적인tragi-comical 존재입니다. 그런데 서로 다른 두 성으로 나누어져 있음으로 해서, 우리는 동성에게서 놓치기 쉬웠던 우스운 면―그리고 슬픈 면―을 이성에게서 볼 수 있게 되는 것입니다.

저는 이 장의 내용이 주로 우정의 명예 회복에 관한 것이 되리라고 말씀드린 바 있습니다. 지금까지의 언급을 통해, 선조들이 우정이란 인간 이상의 차원으로 올려 주는 것이라고 여긴 사실을 제가 왜 전혀 이상하게 생각하지 않는지 분명하게 설명했다고 봅니다. 본능으로부터 자유로우며, 우정이 흔쾌히 떠맡는 것 외의 모든 의무로부터도 자유롭고, 거의 전적으로 질투로부터도 자유로우며, 타인의 필요를 필요로 하는 것으로부터도 완전히 자유로운 이 사랑은 그야말로 탁월하게 영적입니다. 이는 가히 천사들 사이의 사랑이라고 할 만합니다. 그렇다면, 자연적 사랑의 하나인 이 우정이 곧 사랑 자체이신 분의 사랑일까요?

성급하게 결론을 맺기 전에 먼저, 우리는 **영적**이라는 말의 모호성부터 따져 봐야 합니다. 신약성경에는 영적이란 말이 '성령에 속하는'이라는 의미일 때가 많은데, 그런 본문들에서 영적인 것은 당연히 선한 것입니다. 그러나 **영적**이라는 말이 단순히 육체적·본능적·동물적이란 말의 반대 의미로 사용될 때는 사정이 다릅니다. 영적인 선도 있지만, 영적인 악도 있습니다. 거룩한 천사도 있지만, 거룩하지 못한 천사도 있습니다. 인간이 범하는 최악의 죄는 영적인 죄입니다. 따라서 우리는 우정이 **영적**이라고 해서, 우정을 그 자체로서 거룩하거나 오류가 없는 것으로 생각해서는 안 됩니다. 여기서 우리가 생각해 봐야 할 세 가지 중요한 사실이 있습니다.

첫째는, 앞서도 나왔던 것으로서, 아랫사람들 사이의 친밀한 우정 관계에 대해 권력자들이 갖는 불신입니다. 이 불신은 정당하지 못할 수도 있지만, 근거가 있을 수도 있습니다.

둘째는, 친한 친구들끼리의 모임에 대해 대다수의 외부인이 갖는 태도입니다. 대개의 경우 사람들이 그러한 모임에 붙이는 이름에는 다소 경멸이 담겨 있습니다. '동아리'라고 불리면 가장 나은 경우이고, 코우테리coterie, '패거리', '리틀 상원' 혹은 '서로 치켜세우는 모임'으로 불리지 않으면 다행입니다. 삶에서 애정과 동료 의식과 에로스만을 경험해 봤을 뿐인 이들은, 우정을 나누는 이들을 '함께 어울릴 수 없을 만큼 스스로 잘났다고 생각하는 위인들'이 아닌지 의심쩍게 여깁니다. 물론 이는 질투의 목소리입니다. 그러나 질투는 자신이 생각해 낼 수 있는 가장 진실한 비난, 진실에 가장 가까운 비난을 꺼내 드는 법입니다. 진실에 가까울수록 더 상처를 주기 때문입니다. 따라서 이 비난 역시 고려의 대상이 되어야 합니다.

마지막으로 주목해야 할 점은, 성경은 하나님과 인간 사이의 사랑을 표현하는 일에 우정을 이미지로 사용하는 경우가 극히 드물다는 사실입니다. 물론 전혀 사용되지 않는 것은 아닙니다. 그러나 성경은 가장 높은 사랑의 상징으로서, 가히 천사들 사이의 관계처럼 보이는 이 우정은 제쳐 두고 훨씬 더 자주 자연적이고 본능적인 사랑 속으로 깊이 들어갑니다. 애정은 하나님이 아버지로 표현될 때 사용되는 이미지입니다. 에로스는 그리스도가 교회의 신랑으로 표현될 때 사용되는 이미지입니다.

그럼, 권력자들이 우정에 대해 품고 있는 의심에서부터 시작해 보겠습니다. 저는 그런 의심에는 나름의 근거가 있으며, 그 근거에 대해 고려한다면 무언가 중요한 깨달음을 얻게 되리라고 생각합니다. 전에 말씀드린 대로, 우정은 어떤 사람이 상대에게 "뭐! 너도? 나만 그런 줄 알았는데……"라고 말하는 순간에 시작됩니다. 그러나 이렇게 발견되는 공통된 취향이나 비전이나 관점이 반드시 선하리라는 법은 없습니다. 그 순간, 예술이나 철학이 발원할 수도, 종교·도덕적 진보 등이 시작될 수도 있습니다. 그러나 고문이나 식인 만행이나 인신 제사 등에 대해서도 역시 그러지 말라는 법이 어디 있겠습니까? 그런 순간의 성격이 두 가지임을, 우리 대부분은 이미 어린 시절의 경험을 통해 터득하고 있지 않습니까?

자기가 좋아하는 시인에게 동일한 관심을 갖고 있는 누군가를 처음 만나게 될 때, 이는 참 경이로운 경험입니다. 전에는 불분명했던 것이 이제 명확해집니다. 전에는 얼마쯤 부끄러이 여기던 것을 이제는 대놓고 인정하게 됩니다. 그러나 어떤 은밀한 악을 공유하는 누군가를 처음 만난 순간에도 우리는 그에 못지않은 쾌감을 느낍니다. 그 악 역시 전보다 훨씬 더 명확해지고 노골적이 되며, 마찬가지로 더 이상 그 악을 부끄럽게 여기지 않게 됩니다. 현재 나이가 몇이건, 지금도 우리는 증오나 불만의 공유가 주는 위험한 매력을 잘 알고 있습니다. (나 말고도 부학장의 잘못을 볼 줄 아는 또 다른 유일한 사람을 만나면, 우리는 단박에 친구가 되기 마련입니다.)

나와 생각이 다른 사람들 가운데 홀로 있을 때, 우리는 어떤 견해나 기준을 소심한 자세로 견지합니다. 그것을 공공연히 인정하기를 얼마쯤 부끄러워하며, 정말 옳을까 약간 의심하기도 합니다. 그러나 다시 친구들 모임으로 돌아오면, 30분 만에— 어쩌면 10분 만에도—그 견해나 기준은 다시 명백한 것이 됩니다. 그 안에 있는 한, 이 작은 모임의 의견이 바깥 천 명의 의견보다 더 중요합니다. 우정이 강해지면 친구들과 멀리 떨어져 있을 때도 마찬가지로 그렇습니다. 우리는 누구나 동급의 사람들, '마음이 통하는' 사람들에게 판단 받기를 원하기 때문입니다. 그들만이 진정으로 우리 생각을 이해하는 사람들이기에, 그들만이 우리가 충분히 인정하는 기준들로써 우리를 판단할 수 있습니다. 우리가 정말로 받고 싶어 하는 것은 바로 그들의 칭찬이며, 우리가 정말로 두려워하는 것은 바로 그들의 비난입니다.

초기 그리스도인들의 그 작고 고립된 집단이 살아남을 수 있었던 것은 그들이 오로지 '형제'의 사랑에만 신경 쓰고, 주변

이교 사회의 의견에는 조금도 귀 기울이지 않았기 때문입니다. 그러나 범죄자, 괴짜, 변태자의 모임도 바로 이런 방식으로 살아남을 수 있습니다. 외부의 의견에는 전혀 귀 기울이지 않음으로써, 그런 의견에 대해 '이해하지 못하는' 외부인들, '인습적'이고 '부르주아적'인 '기성 제도권' 사람들, 똑똑하고 고결한 척하는 사기꾼 등이 떠드는 소리 정도로 치부하면서 말입니다.

따라서 권력자들이 우정에 대해 인상을 찡그리는 이유를 알기란 어렵지 않습니다. 모든 참된 우정은 일종의 탈퇴 행위, 반란 행위이기 때문입니다. 그것은 통용되고 있는 허튼 소리에 대항하는 진지한 사상가들의 저항일 수도 있고, 건전한 양식良識에 대항하는 변덕쟁이들의 도전일 수도 있습니다. 사회 부패에 저항하는 선한 사람들의 반란일 수도 있고, 사회의 선에 대항하는 악한 사람들의 반란일 수도 있습니다. 어느 쪽이든, 우정은 윗사람들에게는 달갑지 않습니다. 친구 모임에는 그들만의 '공동 여론'이 형성되어 있습니다. 그리고 그 여론은 모임 구성원들이 일반 사회의 여론에 맞설 힘이 되어 줍니다. 그 모임 하나하나가 일종의 잠재적 저항 지구인 셈입니다. 그래서 진짜 우정을 맺고 있는 사람들을 다루거나 '매수하기'는 쉽지 않습니다. 선한 권력자가 교화시키기도 어려우며, 악한 권력자가 부패시키기도 쉽지 않습니다. 따라서 만일 지도자들이 강제적으로 혹은 '뭉쳐야 산다'는 식의 선전을 통해, 아니면 교묘한 방법으로 사생활과 계획되지 않은 여가를 불가능하게 만듦으로써 모두가 동료일 뿐 어느 누구도 친구가 아닌 그런 세상을 만들어 낸다면, 이는 권력자로서는 어떤 위험요소를 제거해 버린 것이며, 우리로서는 전적인 예속에 저항할 수 있는 강력한 방위수단을 박탈당한 것입니다.

정말이지 우정은 위험한 것일 수 있습니다. 우정은 (고대인들이 생각했듯이) 덕의 학교일 수도 있지만, 또한 (그들이 몰랐던 사실로서) 악덕의 학교일 수도 있습니다. 우정은 양면적입니다. 우정은 선한 사람들은 더 선하게 만들며, 악한 사람들은 더 악하게 만듭니다. 이에 대한 장황한 설명은 시간 낭비입니다. 지금 우리의 관심은, 나쁜 우정의 나쁜 점에 대해 기술하는 것이 아니라, 좋은 우정에도 내재되었을 수 있는 위험성을 인식하는 것입니다. 다른 자연적 사랑처럼, 이 사랑도 선천적으로 취약한 특정 질병이 있습니다.

군중으로부터 일탈하고 (적어도 어떤 문제에 관해서는) 외부의 목소리에 무관심한 것이—좋든 나쁘든, 혹은 아무 악의가 없든—모든 우정의 공통된 특징이라는 점은 분명합니다. 우정의 기반 역할을 하는 공동 활동이 고작 우표수집 정도의 시시한 일일지라도, 친구들 모임은 그 활동을 어리석은 소일거리에 불과하다고 생각하는 수백만 명의 견해와, 한때 재미 삼아 했다가 그만 둔 수천 명의 견해에 전혀 개의치 않습니다. 이는 당연하고도 필연적인 일입니다. 또 기상학 창시자들은 태풍이 마술 때문에 일어난다고 믿었던 수백만 명의 견해를 무시했습니다. 이 또한 당연하고도 필연적인 일이었습니다. 이에는 전혀 잘못된 점이 없습니다. 제가 저 자신을 골퍼golfer나 수학자나 운전자 모임에 들어갈 수 없는 외인外人으로 인정하듯이, 저 역시 그들을 제 모임에 들어올 수 없는 외인으로 여길 권리가 있습니다. 서로를 지루하게 만드는 사람들은 가능한 한 덜 만나는 것이 좋고, 서로 흥미를 느끼는 사람들은 자주 만나는 것이 좋습니다.

외부 의견에 대한 이러한 부분적 무관심 내지 무시가 이 정도까지는 정당하고 필요한 일이겠지만, 자칫 무차별적인 무관심 내지 무시로 이어질 수 있다는 데 위험이 도사리고 있습니다. 가장 극적인 실례는 친구들 모임보다는 신정Theocratic 계급 내지 귀족 계급에서 찾아볼 수 있습니다. 우리는 주님 시대의 제사장들이 일반 백성들을 어떻게 생각했는지 알고 있습니다. 또 프루아싸르의 연대기[41]를 보면 그 기사騎士들은 하층민이나 농부 같은 '외인들'에 대해 동정심이나 자비심이 전혀 없었습니다. 그런데 그들의 이러한 통탄스러운 무관심은 어떤 좋은 특질과 밀접하게 얽혀 있었습니다. 그들은, 자기네 사이에서는 대단히 높은 기준의 용기와 관용과 예의와 명예를 견지했습니다. 비굴하고 인색한 하층민들은 그러한 기준을 어리석다고만 생각했을 것입니다. 기사들은 그런 기준을 견지하는 일에 관해서는

---

41) Froissart's Chronicles : 장 프루아싸르Jean Froissart(1337~1404)의 작품으로, 14세기 봉건시대에 관한 가장 중요하고도 자세한 기록이며 기사도적 궁정 연애의 이상을 가장 잘 보여 주는 당대의 자료이다.

외인들의 견해에 전적으로 무관심했고, 또 그럴 수밖에 없었습니다. 그 기사들은 외인들의 생각에 '조금도 신경 쓰지 않았습니다.' 만일 신경 썼다면, 오늘날 우리 사회는 더 저급한 기준을 물려받았을 것입니다. 그러나 자기 계층 바깥사람들의 생각에 '조금도 신경 쓰지 않는' 것은 자칫 습관으로 굳어질 수도 있습니다. 그럴 만한 때에 농부의 목소리를 등한시 여기는 것이라 해도, 이런 처사가 자칫 잘못하면 정의와 자비를 구하는 농부의 목소리까지 등한시하게 되기 십상입니다. 어느 정도 무시하는 것은 가치 있고 또 필요하기도 하지만, 이는 자칫 오만하고 비인간적이며 전적인 무시를 부추길 수도 있습니다.

물론 친구들 모임은, 권력을 지닌 사회 계층이 하듯 그렇게 세상을 억압할 수는 없습니다. 그러나 그 모임도 나름의 테두리 안에서 동일한 위험에 종속되어 있습니다. 특정 부분에서만 외인일 뿐인 이들을, 총체적 (또한 경멸적) 의미에서 '외인들'로 취급해 버릴 수 있습니다. 그래서 귀족 집단이 그러하듯, 어떠한 목소리도 뚫고 들어올 수 없는 벽을 그 모임 주위에 둘러칠 수 있습니다.

문학이나 예술에 대한 대중의 견해를 (아마도 정당한 이유로) 도외시하면서 시작된 어떤 문학가·예술가 모임이, 사람이라면 누구나 자기 계산서는 자기가 지불하고 손톱을 깎고 예의 있게 행동해야 한다는 보편적인 생각마저 무시해 버리는 지경에 이를 수도 있습니다. 이렇게 되면, 그 모임이 지닌 어떤 결점이든—

결점 없는 모임은 없습니다—그것은 치유불가능한 것이 되고 맙니다. 이것이 전부는 아닙니다. 그 모임이 정당하게 행할 수 있던 그 부분적 귀 막음도, 어쨌거나 모종의 우월성—우표에 대한 지식 같은 단순한 우월성이라도—에 기초한 것입니다. 그런데 그 우월감은 자칫 전적인 무시를 낳을 수도 있습니다. 그 모임은 외부인의 말에 귀 기울이지 않는 정도를 넘어, 급기야 외부인을 경멸하게 될 수도 있습니다. 사실상 하나의 사회 계층과 흡사한 모양으로 변모해 버리는 것입니다. '코우테리'는 자기들끼리 임명한 일종의 귀족 모임입니다.

앞서 저는 좋은 우정을 나누는 사람은, 흔히 다른 친구들에 비해 자신이 부족한 사람이라고 느낀다는 점을 지적한 바 있습니다. 그는 친구들을 멋진 사람들이라 생각하고, 자신이 그들의 친구임을 행운으로 여깁니다. 그러나 불행하게도, 그 **그들**을 다른 각도에서 보면 곧 **우리**이기도 합니다. 즉, 개인적 겸손에서 집단적 교만으로 변하기가 무척 쉽습니다.

저는 지금 흔히 말하듯 사회적·속물적 교만, 즉 유명한 사람들과 가까워지고 또 그것을 다른 사람들이 알아줬으면 하는 그런 속물 근성을 말하는 게 아닙니다. 그런 속물들의 경우, 그들이 어떤 모임에 속하고 싶어 하는 이유는 그 모임이 이미 세간에 '엘리트' 집단으로 여겨지고 있기 때문입니다. 반면 친구들의 경우, 자기들만으로 이루어진 모임에 속해 있다는 이유로 스스로를 '엘리트' 집단으로 여기게 될 위험이 있는 것입니다. 우리는 다만 마음이 통하는 사람을 찾았던 것이지만, 어느 순간 우리 모임이 귀족 모임으로 여겨지는 반갑고도 놀라운 느낌을 갖게 됩니다.

물론 그런 느낌을 그렇게 표현하진 않을 것입니다. 우정을 경험해 본 독자라면 누구나, 자기 모임에는 그런 어리석은 모습이 없다고 강력히 항변하고 싶을 것입니다. 저 역시 같은 심정입니다. 그러나 이런 문제를 다룰 때는, 우리 자신에서부터 시작하지 않는 편이 가장 좋습니다. 우리의 경우는 어떨지 모르나, 여하튼 우리 모두는 우리를 외인으로 취급하는 다른 모임에서는 그러한 경향성을 감지한 경험이 있을 것입니다.

전에 어느 모임에 갔을 때, 옆자리에 서로 친해 보이는 두 성직자들이 앉아서 대화를 나누고 있었습니다. 하나님 아닌 어떤 '자존적 에너지uncreated energies'에 관한 이야기였습니다. 저는 그들에게, 하나님을 '보이는 것과 보이지 않는 모든 것을 창조하신 분'으로 고백하는 교회의 신경Creed이 옳다면, 어떻게 하나님 말고 또 다른 자존적 존재가 있을 수 있느냐고 물었습니다. 그들은 서로 흘긋 바라보며 웃음을 터뜨리는 것으로 대답을 대신했습니다. 저는 그들의 웃음에는 이의가 없었습니다만, 제가 원했던 바는 명확한 답변이었습니다.

그들의 웃음은 전혀 냉소적이거나 불쾌감을 주는 웃음이 아니었습니다. 흔히 미국인들이 "이 친구 똑똑하지 않아? Isn't he cute?"라는 말로 표현하는 그런 의미의 웃음이었습니다. 그것은 당혹스런 질문을 던지는 조숙한 아이*enfant terrible* 앞에서 어른들이 터뜨리는 유쾌한 웃음 같은 것이었습니다. 그것이 얼마나 악의 없는지, 그러면서도 또 얼마나 분명하게 그들의 우월의식—하층민들 앞에서 기사가, 아이들 앞에서 어른이 그러하듯, 자신을 한 차원 높은 곳에서 사는 존재로 생각하는—을 표현해 주는지, 아마 여러분은 상상하기 힘들 것입니다. 어쩌면 그들은 이미 제 질문에 대한 답을 알고 있었고 또 그 답을 이해하기엔 제게 관련 지식이 많이 모자란다는 것도 알고 있었을 것입니다. 만약 그들이 "설명이 한참 필요한 문제입니다"라는 뜻을 에둘러 표현해 주었다면, 저는 그들에게 우정의 교만이 있다고 여기지 않았을 것입니다.

중요한 것은, 그 시선 교환과 웃음이었습니다. 그것은 이미 드러나 있고 당연시되는 집단적 우월감이, 눈에 보이고 귀에 들리게 구체화된 예입니다. 이런 식의 올림포스적Olympian(평온하고 관용적인) 태도에는 거의 악의를 찾아볼 수 없으며, 상처 주거나 뽐내려는 의도가 전혀 들어 있지 않습니다(그들은 훌륭한 젊은이였습니다). 다만 이는 너무도 확고히 자리 잡고 있는, 관용적이고 예절바르고 은근한 그런 우월감입니다.

그런데 집단적 우월감에는 올림포스적인 태도만 있는 것은 아닙니다. 타이탄적Titanic(난폭하고 전투적이고 성내는) 우월감도 있습니다. 한번은 어느 대학생 모임에서 강연을 했는데, 강연 후 (정중한) 토론 시간이 이어졌습니다. 그런데 한 젊은이가 어찌나 험한 표현으로 저를 몰아붙이는지, 이렇게 말할 수밖에 없었습니다. "여보게, 학생. 지난 5분간 자네는 두 번씩이나 나를 사실상 거짓말쟁이라고 욕했는데, 자네가 다른 사람의 주장을 계속 그런 식으로밖에 비평하지 못하겠다면, 내가 여기서 나가는 수밖에 없네."

저는 그 학생의 반응이 둘 중 하나일 것이라고 생각했습니다. 흥분해서 두 배로 심한 욕을 퍼붓거나, 아니면 얼굴을 붉히고 사과하거나. 그런데 저는 어느 쪽도 아닌 그의 반응에 깜짝 놀랐습니다. 그는 조금도 동요하지 않고 습관으로 굳어진 그 불쾌한 표현들을 계속했습니다. 그 뒤로 대놓고 저를 거짓말쟁이라 욕하진 않았지만, 그 점만 빼놓고는 조금도 달라지지 않았습니다. 저는 어떤 철의 장막을 대하는 느낌이었습니다. 그는 저 같은 사람과는 어떠한 인격적 관계—친근한 것이든 적대적인 것이든—도 맺지 않으려고 이미 단단히 무장을 갖추고 있었습니다. 이런 경우에는, 거의 확실히 그 사람 뒤에 어떤 타이탄적인 우월감을 공유하는 친구 모임—적의 공격에 대비해 항시 무장하고 자기들끼리 작위를 주고받는 기사단—이 있습니다. 그들에게 우리—그들에게는 **그들인**—는 전혀 어떤 인격체로 존재하지 않습니다. 다만 하나의 표본일 뿐입니다. 근절되어야 할 각각의 연령군群과 전형적인 인물과 견해와 관심사의 표본 말입니다. 하나의 무기를 쓸 수 없게 되면, 그들은 아무렇지도 않게 또 다른 무기를 꺼내 듭니다. 만남이라는 말의 일상적이고 인간적인 의미에서 보면, 그들은 우리를 만나고 있는 게 아닙니다. 다만 어떤 작업, 즉 살충제를 뿌리고 있을 뿐입니다(실제로 저는 어떤 사람이 이런 이미지를 사용하는 것을 들은 적도 있습니다).

젊은 두 성직자와 무례한 그 젊은이는 모두 지적으로 높은 수준이었습니다. 자신들을 '영혼들the Souls'이라고 부를 정도로 지고한 우매함에 도달했던, 영국 왕 에드워드 7세 시대의 그 유명한 모임 사람들도 마찬가지입니다. 그러나 훨씬 평범한 친구들도 그런 집단적 우월감에 사로잡힐 수 있습니다. 이 경우 우월감은 더욱 조잡한 방식으로 드러납니다. 새로 전학 온 아이 앞에서 그 학교의 '텃세꾼'들이 구는 모습이나 일시 파견 나온 병사 앞에서 그 부대 정규병들이 하는 행동, 혹은 술집이나 열차 객실에서 모든 것이 생소한 사람들에게 공연히 위압감을 주며 시끄럽게 떠드는 저급한 이들의 모습 속에서 이를 목격한 바 있습니다. 그런 사람들은 남들 들으라고 일부러 자기들끼리 상당히 친밀하고 비밀스럽게 이야기를 나눕니다. 그 모임의 일원이 아닌 외부인에게는 어떻게든 그들이 모임에 속하지 않았음을 확인시킵니다. 사실 그들의 우정이란 외부인에 대한 배제 외에는 거의 아무 '주제'도 없습니다. 외인과 대화할 때 그들은 저마다 친구들을 세례명이나 별명으로 부르기를—그 외인이 자기 말을 알아들을 수 없음에도, 아니 바로 그렇기 때문에—좋아합니다.

전에 제가 알았던 어떤 이는 더 교묘한 방법을 쓰기도 했습니다. 그는 자기 친구들에 대해, 마치 우리도 그들이 누구인지 알고 있을 뿐 아니라 당연히 알고 있어야 한다는 식으로 언급하곤 했습니다. 그는 "전에 리처드 버튼이 나한테 말하기를……" 하고 말을 시작하곤 했습니다. 당시 우리는 무척 어렸습니다. 우리는 리처드 버튼이라는 이름을 들어 본 적이 없다는 사실을 감히 입 밖에 낼 수 없었습니다. 그 아이의 말투가, 누구나 그 이름을 당연히 알고 있어야 한다는 식이었기 때문입니다. "그를 모른다는 것은 자신이 무명인이라는 사실을 자인하는" 셈이었기 때문입니다. 세월이 한참 흐른 뒤에야, 그 아이 말고는 우리 중 누구도 그 이름을 들어 본 사람이 없었다는 사실을 알았습니다. (정말이지 지금 생각해 보면, 리처드 버튼이니 헤지키아 크롬웰이니 엘리뇨 포사이사 같은 이름은 어쩌면 미시즈 해리스Mrs. Harris[42]처럼 실제로는 존재하지도 않는 이들이었는지도 모릅니다. 그러나 당시 공연히 주눅이 든 우리는 일 년이 넘도록 아예 의심도 가져 보지 못했지요.)

이렇게 우리는 많은 모임에서 우정의 교만―올림포스적이든, 타이탄적이든, 아니면 그저 천박한 것이든―을 간파할 수 있습니다. 내가 속한 모임은 그런 위험으로부터 안전하다고 생각하는 것은 성급한 판단입니다. 왜냐하면 우리는 우리 모임에서 그런

---

42) 찰스 디킨스의 소설 《마틴 처즐윗Martin Chuzzlewit》에서 자주 언급되는, 실제로는 존재하지 않는 가상 인물.

교만을 찾아내기를 가장 꺼려할 것이기 때문입니다. 사실 이 교만의 위험은 우정과 거의 불가분의 관계에 있습니다. 우정은 외인을 배제할 수밖에 없습니다. 그러나 이런 정당하고도 필연적인 배제 행위가 자칫 모임의 정신 자체를 배타적으로 만들어 버릴 수 있습니다. 배타성 자체를 즐기는 모임이 되는 것입니다. 일단 그런 내리막길이 시작되면, 그 길은 급속하게 가팔라질 것입니다. 아마 우리 모임이 타이탄적 우월감이나 천박한 우월감에 빠지는 일은 드물 것입니다. 그보다는 우리가 '영혼들'이 될─어느 면에선 이것이 더 나쁩니다─가능성이 높습니다. 처음에 우리를 하나로 모아 주던 공동의 비전은 이내 사라지고, 모임은 순전히 '코우테리'가 되기 위해서만 존재하는 '코우테리'로 전락해 버릴 수 있습니다. 집단적 자기도취에 빠져 있는, 자기들끼리 옹립한 (따라서 어리석은) 작은 귀족 집단으로 말입니다.

이런 상태에 처한 모임은 실리實利의 세계에 발을 들여놓기도 합니다. 모임을 태동시킨 본래의 관심사에 그다지 큰 관심이 없는 이들이더라도 (막연한 의미에서) '괜찮은 사람'으로 보이면 신입회원으로 받아들여서 자신들의 모임을 계획적으로 확장해 갑니다. 그렇게 되면 모임은 권력을 갖게 됩니다. 이제 그 모임의 회원이 되는 것은 일종의 정치적 중요성을 띱니다. 정치라고 해 봐야 단지 어느 부대나 대학이나 성당 등에서 일어나는 일이지만 말입니다. 위원회 좌지우지하기, (회원들을 위한) 일자리 확보하기, 모임에 속하지 않은 비주류들이 치고 올라오는 것을 막기 위한 통일전선 구축하기 등이 이제 주된 업무가 되어 버리며, 전에는 하나님이나 시에 대해 이야기 나누기 위해 만나던 사람들이 이제는 강사직이나 생계 문제를 이야기하려고 만납니다.

그들의 운명에 내려지는 정의의 선고에 주목하십시오. "너는 흙이니 흙으로 돌아갈 것이니라." 이는 하나님이 아담에게 하신 말씀입니다. 이렇게 책략가 집단으로 타락해 버린 모임에서, 우정은 그 모체였던 단순하고 실리적인 동료 의식으로 다시 주저앉고 맙니다. 이제 그들은 원시 사냥꾼 집단과 같은 종류의 집단입니다. 정말, 그들은 사냥꾼들입니다. 제가 존경할 수 없는 그런 부류의 사냥꾼이지만 말입니다.

일반 대중의 생각은, 완전히 옳지도 않지만 또 아주 틀리지도 않습니다. 친구 모임이 전부 다 잘난 체하고 우월감을 즐기기 위해 생겨났다는 대중들의 믿음은 끔찍한 오해입니다. 또 모든 우정이 실제로 다 그런 교만에 빠져 있다는 생각도 오해일 것입니다. 그러나 우정이 선천적으로 교만에 빠져들기 쉽다고 진단한 대중들의 생각은 옳습니다. 우정을 둘러싸고 있는 위험이 이렇게 영적인 위험인 것은, 우정이 자연적 사랑 중에서 가장 영적인 사랑이기 때문입니다. 다시 말해, 우정은 천사적입니다. 그러나 천사들의 빵을 아무 탈 없이 먹을 수 있으려면 사람은 자신을 세 겹 겸손으로써 보호해야 합니다.

이제 우리는 성경이 우정을 하나님의 사랑에 대한 이미지로서 거의 사용하지 않는 이유를 감히 추측해 볼 수 있습니다. 우정은, 영적인 것에 대한 좋은 상징이 되기에는 이미 너무 영적이기 때문입니다. 최하층 없이 최상층은 설 수 없습니다. 하나님은 자신을 아버지와 남편에 빗대어 안전하게 나타내실 수 있습니다. 왜냐하면 정신이상자가 아닌 이상 누구도 하나님을 육신의 친아버지로 생각하거나, 그분과 교회의 결혼을 신비적 의미 외의 다른 의미로 이해하지는 않기 때문입니다. 그러나 우정의 경우는 이런 용도로 사용될 때, 자칫 상징에 불과한 것을 실체로 오해할 수 있습니다. 우정에 이미 내포되어 있는 위험이 이로써 더 악화될 수 있습니다. 더 나아가 우정이 분명히 보여 주는, 천국 삶과의 (유사성으로서의) 가까움을 접근으로서의 가까움으로 오해할 수도 있습니다.

이렇듯 우정은 다른 자연적 사랑과 마찬가지로 자기를 구원할 능력을 갖지 못한 사랑입니다. 영적인 사랑으로서 적으로부터 받는 공격도 좀더 교묘하기에, 우정이 좋은 상태로 유지되고자 한다면 다른 사랑들보다 훨씬 더 전심으로 하늘로부터 오는 보호를 구해야 합니다. 우정의 길이 얼마나 좁은가 한번 생각해 보십시오. 우정은 소위 "서로 치켜 세워 주는 모임"이 되어서는 안 됩니다. 그러나 우정이 서로에 대한 찬탄, 감상의 사랑으로 가득하지 않다면 그것은 전혀 우정일 수 없습니다. 우리의 우정에, 《천로역정》에서 크리스티애나와 그 일행이 보여 주었던 다음과 같은 모습이 결여된다면, 우리의 삶은 비참하리만큼 빈곤해질 것입니다.

그들은 서로에게 두려운 존재가 된 듯했다. 왜냐하면 그들은 자신에게는 없는 영광을 서로에게서 볼 수 있게 되었기 때문이다. 이제 그들은 서로를 자신보다 더 낮게 여기기 시작했다. "당신은 저보다 더 아름다우세요"라고 한 사람이 말했다. 그러자 "당신이 저보다 더 미인이세요"라고 다른 사람이 말했다.

우리가 이런 빛나는 경험을 안전하게 맛볼 수 있는 길은 결국 단 한 가지입니다. 그 길이 무엇인지를 버니언John Bunyan은 같은 구절에서 언급하고 있습니다. 그 여인네들이 서로를 이런 빛 가운데서 볼 수 있게 된 것은, 다름 아니라 그들이 해석자의 집the House of the Interpreter에서, 씻김과 인침과 깨끗한 '흰 옷'을 받은 후였습니다. 이렇게 우리가 받은 그 씻김과 인침과 새 옷을 기억하는 동안 우리는 안전할 수 있습니다. 그리고 우정의 공동기반이 더 고상한 것일수록, 우리에게는 이러한 기억이 더욱 더 필요해집니다. 무엇보다도 뚜렷하게 종교적인 우정에서 이를 망각하는 일은 치명적이 될 것입니다.

이를 잊을 경우, 우리—네댓 사람—는 서로가 서로를 선택한 모임, 자신의 통찰력으로 서로의 아름다움을 알아 본 유유상종의 모임으로 여기는 자발적 귀족 집단이 될 것입니다. 우리는 선천적인 능력으로 대중 이상의 차원으로 올라갔다고 생각할 것입니다. 다른 사랑은 이런 환상을 불러들이지 않습니다. 애정은 혈족 관계나 근친 관계 등 우리의 선택과 상관없는 조건을 요구합니다. 에로스의 경우도, 세상의 사랑 노래와 사랑 시의 절반은 사랑은 운명이며 번개가 그렇듯 우리의 선택에 달린 것이 아니라고, "사랑할지 미워할지는 우리 자신의 능력에 있지 않다"고 말합니다. 큐피드의 화살인지 유전인자인지 간에, 여하튼 우리 자신이 아닌 다른 무엇에 달려 있다고 말합니다. 그러나 우정의 경우는 이런 모든 것으로부터 자유롭기에, 우리가 친구를 선택했다고 생각합니다. 실제로는 출생연도가 몇 년만 달랐거나, 집이 몇 마일 더 떨어져 있었거나, 이 대학이 아닌 저 대학을 선택했거나, 다른 군대에 배치되었거나, 처음 만났을 때 우연히 어떤 주제에 대한 이야기가 나오지 않았거나 했다면, 이러한 우연적인 요소 중 어느 하나로도 우리는 남남으로 남았을 텐데도 말입니다.

그러나 엄밀히 말해 그리스도인에게 우연이란 없습니다. 인생이라는 예식의 주재자Master of the Ceremonies께서 보이지 않게 일하고 계셨던 것입니다. 제자들에게 "너희가 나를 택한 것이 아니라 내가 너희를 택했다"고 말씀하신 그리스도는 모든 그리스도인들의 친구 모임을 향해 이렇게 말씀하실 것입니다. "너희가 서로를 선택한 것이 아니라, 내가 너희를 선택하여 서로 친구가 되게 했다."

우정은 서로를 알아본 우리 자신의 뛰어난 분별력이나 안목에 주어지는 보상이 아닙니다. 우정은 우리가 서로의 아름다움을 알아볼 수 있게 하려고 하나님께서 사용하시는 수단입니다. 친구의 아름다움이라고 해서 다른 수많은 사람들의 아름다움보다 더 뛰어난 것은 아닙니다. 다만 우정을 통해 하나님이 우리의 눈을 열어 주셔서 그 아름다움을 알아보게 해 주신 것뿐입니다. 그 아름다움이란 다른 모든 아름다움이 그렇듯 그분으로부터 파생된 것이며, 참된 우정 안에서 주님은 그 아름다움이 더욱 자라게 해 주십니다. 이렇게 우정은 그분께서 아름다움을 계시하시는 데 쓰이는 도구일 뿐 아니라, 아름다움을 창조하시는 데 쓰이는 도구이기도 합니다. 이 축제에서는 식탁을 마련하신 분도 그분이시며 손님을 초대하신 분도 그분이십니다. 우리는 그 자리를 때로 주님이 친히 주재하신다고 감히 믿으며, 또 언제나 그렇게 해 주실 것을 감히 바랍니다. 우리는 결코 우리 모임의 주인이신 분을 간과하지 말아야 합니다.

이 말은 우리가 늘 그 자리에 엄숙한 자세로 참여해야 한다는 뜻은 아닙니다. 이는 '유쾌한 웃음을 창조하신 하나님'이 금하시는 바입니다. 어떤 것을 철저히 진지하게 대하면서 동시에 때로 그것을 게임처럼 가볍게 대할 능력과 의지를 견지하는 것은, 어렵고도 즐거운 삶의 묘妙입니다. 이에 대해서는 다음 장에서 더 자세히 말할 기회가 있을 것입니다. 일단 여기서는 던바 William Dunbar[43]의 아름답도록 균형 잡힌 충고를 인용하는 것

---

43) 1463-1530. 영국 스코틀랜드의 시인.

으로 만족하려고 합니다.

사람아, 너의 창조자를 기쁘게 해 드리고, 즐겁게 지내라,
세상에 대해선 심각할 것 하나 없으니.

Man, please thy Maker, and be merry,
And give not for this world a cherry.

5

에 로 스

위험의 씨앗이 숨어 있는 곳은 다름 아닌, 에로스의 그 숭고성입니다. 에로스는 마치 신처럼 말합니다. 완전히 헌신하고, 행복을 깡그리 무시하고, 이기심을 초월하는 것이 마치 영원한 세계로부터 오는 메시지처럼 들립니다. 그러나 그 자체로는 하나님의 음성일 수 없습니다. 왜냐하면 에로스의 그러한 숭고성과 자기 초월성으로 선뿐 아니라 악을 향해서도 돌진할 수 있기 때문입니다.

제가 말하는 에로스란 소위 '사랑에 빠진' 상태를 의미합니다. 연인들이 '빠져 드는' 그런 종류의 사랑 말입니다. 앞서 애정은 인간이 경험하는 사랑과 동물이 경험하는 사랑 중에서 서로 가장 근접한 형태라고 설명했을 때 놀라는 독자도 있었을 것입니다. 그리고 아무래도 인간의 성적 기능이야말로 인간과 동물이 가장 가까운 점 아니냐고 반문하고 싶었을 것입니다. 인간의 성sexuality 자체를 생각하면 그 말이 옳습니다. 그러나 여기서는 인간의 성 자체가 저의 관심은 아닙니다. 성은 '사랑에 빠진' 복잡한 상태의 한 구성 요소로서만 이 장의 주제 일부가 될 뿐입니다. 성적 경험 자체는 에로스, 즉 '사랑에 빠지는' 일 없이도 일어날 수 있으며, 에로스에는 성적 활동 외의 다른 요소도 들어 있다는 것이 저의 기본적인 전제입니다. 다시 말해 제가 탐구하고자 하는 것은, 인간과 동물 혹은 모든 인간이 공유하는 것으로서의 성이 아니라, 에로스 사랑 안에서 드러나는 독특한 인간적 변이형으로서의 성입니다. 에로스에 내재한 육적이고 동물적인 성적 요소를 (옛 사람들의 어법을 좇아) 비너스 Venus라고 부르고자 합니다. 그리고 그 비너스란 어떤 애매하고 희귀한 의미—심층 심리학자들이 탐구하는 그런 의미—가 아닌, 누구나 알 수 있는 분명한 의미에서의 성을 말합니다. 경험하는 당사자가 성으로서 분명히 인식할 수 있는, 단순한 관찰자의 눈에도 명백하게 성적이라고 증명될 그런 것 말입니다.

성은 에로스와 상관없이 따로 작동될 수도 있고 에로스의 일부로서 작동될 수도 있습니다. 덧붙여 말하건대, 제가 이런 구별을 하는 것은 단지 우리의 탐구 한계를 설정하는 것일 뿐, 여기에는 어떠한 도덕적 함의도 들어 있지 않습니다. 즉 저는 어떤 성적 행위에 에로스가 들어 있는지 아닌지 여부에 따라 그 행위가 '불순한'지 '순수한'지, 추한지 아름다운지, 불법적인지 합법적인지를 결정한다고 생각하는 통속적인 사상에 전혀 동조하지 않습니다. 만일 에로스 상태에 있지 않은 두 사람의 동침이 혐오스런 것이라고 한다면, 우리 모두는 다 더러운 가계 출신일 것입니다. 결혼이 에로스 유무에 좌우되던 시대와 장소는 그다지 많지 않기 때문입니다.

우리의 선조 대부분은 에로스와 전혀 상관없는 근거에서 어렸을 때 부모님이 선택해 주신 동반자와 결혼했습니다. 그들은 순수한 동물적 욕망 외에 다른 '특별한 감정' 없이 성행위를 했습니다. 그러나 그들은 올곧게 살았습니다. 즉 정직한 그리스도인 남편과 아내로서 부모에게 순종하면서, 서로에게 '배우자로서의 의무'를 이행하면서, 주님을 경외하는 마음으로 자녀를 양육했습니다. 반대로, 감각의 역할은 극히 미미하게만 작용한, 지고지순한 에로스로 행한 성행위라도 명백히 간음 행위가 될 수 있습니다. 아내의 가슴을 찢어놓고, 남편을 속이고, 친구를 배신하고, 친절을 모독하고, 자식을 버리는 일을 포함해서 말입니다. 죄인지 의무인지를 좋은 느낌의 여부에 따라 판단하는 것은 하나님의 뜻이 아닙니다. 성행위는, 다른 모든 행위가 그렇듯이 느낌보다 훨씬 더 명시적이고 명확한 척도에 의해 그 정당성 여부가 결정됩니다. 즉, 약속을 지키는 행위인지 깨뜨리는 행위인지, 정의인지 불의인지, 자비인지 이기심인지, 순종인지 불순종인지 등에 의해 결정됩니다. 이렇게 제가 성 자체─에로스와 상관없이 작동하는 성─를 원칙적으로 논의에서 배제하는 것은 도덕과 전혀 무관한 근거에서 그렇게 하는 것입니다. 그것은 이 책의 목적과 상관없기 때문입니다.

진화론자들은 에로스(성의 인간적 변이형태)가 비너스로부터 자라 나왔다고 말할 것입니다. 태곳적의 생물학적 충동이 점차적으로 복잡해지고 발전한 것이라고 보는 것입니다. 그러나 개인의 의식 속에서도 꼭 이런 식으로 진행된다고 가정할 필요는 없습니다. 물론 처음에는 어떤 여성에게 단순한 성적 욕망을 느꼈다가, 후에 점차 '사랑에 빠지는' 사람도 있을 수 있습니다. 그러나 이런 일이 일반적인 경우라고는 생각지 않습니다. 대부분은 먼저 단순히 그 연인에 대해—그녀 전체에 대해 총체적으로—즐거워하고 몰두합니다. 이런 상태의 남자는 사실 성에 대해 생각할 여유가 없습니다. 그 여인 자체를 생각하느라 정신이 없기 때문입니다. 그녀가 '그녀'라는 사실이 그녀가 '여자'라는 사실보다 훨씬 더 중요합니다. 그는 갈망으로 가득하나 그 갈망은 성적 갈망이 아닙니다. 만일 그에게 지금 원하는 것이 무엇이냐고 묻는다면, 그의 진실한 대답은 "계속 그녀를 생각하는 것입니다"일 것입니다. 말하자면 그는 사랑의 명상가입니다. 그리고 나중에 성적 욕망이 깨어날 때에도, 그는 (과학적 이론의 영향을 받지 않은 한) 이제껏 그 욕망이 자기 감정 전체의 근원이었다고 느끼진 않을 것입니다. 다만 밀려드는 에로스의 조수가 수많은 모래성을 무너뜨리고 수많은 바위를 섬으로 만들며, 마침내 마지막 승리의 물결이 그의 본성의 그 부분—조류가 밀려오기 전부터 그의 해변에 존재했던 정상적인 성의 작은 웅덩이—에까지 밀려왔다고 느낄 것입니다. 이렇게 에로스는, 정복한 국가의 기관을 하나하나 점령하고 재편성하는 침입자처럼 그의 속으로 밀려들어 옵니다. 그의 안에서 지금까지 많은 것을 점령해 온 에로스가, 이제 그의 성性의 자리까지 쳐들어와 그것을 재편하려 드는 것입니다.

이러한 재편성의 본질을 조지 오웰George Orwell[44]만큼 간단

명료하고 정확하게 표현해 준 사람은 없습니다. 그는 그런 재편성을 싫어했고, 에로스에 오염되지 않은 자연적 상태의 성을 좋아했습니다. 《1984년》을 보면 그 끔찍한 주인공(그의 탁월한 작품인 《동물농장》에 나오는 네 발 달린 주인공들보다 얼마나 더 비인간적인 인물인지!)이 여주인공과 동침하기 전에 한 가지 확답을 요구하는 장면이 있습니다.

"당신 이거 좋아하지?"

그가 묻습니다.

"그러니까, 나를 좋아하느냔 말이 아니라 이것 자체를 좋아하느냔 말이야."

그녀가 "전 그걸 숭배해요"라고 대답하자 비로소 그는 만족했습니다. 이 짧은 대화는 그 재편성의 정의를 내려 줍니다. 에로스 없는 성적 욕망은 **그것 자체**를 원하지만 에로스는 그 연인 자신을 원합니다.

그것 자체란 감각적 쾌락, 즉 자신의 몸속에서 일어나는 어떤 사건을 말합니다. 흔히 우리는 욕망에 붙들려 밤거리를 배회하는 남자에 대해 "그는 여자를 원한다"고 말하는데, 이는 대단히 부적당한 표현입니다. 엄밀히 말해 그는 여자를 원하는 것이 아니기 때문입니다. 그는 쾌락을 원하는 것이며, 그가 여자를 원

---

44) 1903–1950. 영국의 소설가. 본명은 블레어Eric Arthur Blair로 오웰은 필명. 대표작 《1984년》은 전체주의 체제하의 공포를 그린 반유토피아 소설이며, 《동물농장》은 러시아 혁명(1944)과 스탈린의 배신을 바탕으로 하는 우화 소설이다.

하는 것은 다만 공교롭게도 그 여자가 그의 쾌락에 필요한 도구이기 때문입니다. 그가 그 여자 자체에 얼마나 관심이 있는지는 성관계 5분 후 그가 그녀를 대하는 태도만 봐도 알 수 있습니다 (담배를 다 꺼내 피운 다음에도 계속 담뱃갑을 가지고 다니는 사람은 없습니다).

그러나 에로스는 한 남자로 하여금 단순히 여자가 아니라 특정한 여자를 원하게 만듭니다. 불가사의하지만 확실히 그는 그 여인 자체를 갈망하는 것이지, 그녀가 줄 쾌락을 갈망하는 것이 아닙니다. 사랑하는 여인을 포옹하기 전에 그 포옹이 다른 누구와의 포옹보다 더 큰 쾌락을 줄 것인지, 무의식적으로라도 미리 따져 보는 남자는 세상 어디에도 없습니다. 만약에라도 그런 질문을 떠올렸다면, 추호의 의심 없이 그럴 것이라고 대답할 것입니다. 하지만 그런 질문을 떠올린다는 사실 자체는 이미 그가 에로스의 세계를 벗어났음을 시사합니다. 그런 질문을 떠올린 사람으로 제가 아는 유일한 인물은 루크레티우스[45]인데, 분명 그는 당시 그 여인을 사랑하고 있지 않았습니다. 그의 대답은 무척이나 흥미로웠습니다. 그 엄격한 호색가의 의견은, 사랑은 사실상 성적 쾌락을 손상한다는 것입니다. 사랑의 감정은 방해거리에 불과하다는 것입니다. 그런 감정은 자신의 미각을 망쳐 놓아 순수한 성적 쾌락을 맛보지 못하게 만든다는 것입니다. (위

---

45) Titus Lucretius Carus : BC 1세기에 활동한 고대 로마의 시인, 철학자.

대한 시인이었긴 하지만, "주님, 이 로마인들은 어쩌면 이렇게 짐승 같을 수 있는지요!")

이렇게 에로스는 성적 쾌락 같은 **최상급의** 필요의 즐거움을 최고의 감상의 즐거움으로 변모시켜 주는 놀라운 일을 합니다. 필요의 즐거움의 본질은, 그 대상을 순전히 우리의 필요—순간적인 필요에 불과할 경우에도—와 연관해서만 보게 합니다. 그러나 에로스는 우리가 성적 욕망과 같은 강렬한 필요에 붙들려서도, 그 대상 자체로 감탄받아 마땅하고, 우리와 관계를 떠나서도 전적으로 그 여인 자체로서도 중요한 존재임을 응시하게 합니다.

이런 경험을 못해 본 사람들, 그저 논리만 따지는 사람들은 누군가가 자신에게 줄 수 있는 즐거움이나 위안이나 도움을 바라는 것과 별개로 단지 그 사람 자체를 원할 수 있다는 말을 도저히 이해 못할 것입니다. 이는 분명 설명하기 어려운 경험입니다. 서로를 '삼키고' 싶다고 말하는 연인들의 표현은 (충분히는 아니지만) 어느 정도 그런 경험을 드러내는 말입니다. 천사의 몸은 빛으로 되어 있어서, 인간들의 포옹과 달리 서로를 완전히 침투하며 포옹할 수 있을 것이라고 했던 밀턴John Milton의 상상에는 그 점이 더 잘 표현되어 있습니다. 찰스 윌리엄스 Charles Williams의 작품 속에 나오는, "당신을 사랑하느냐고요? 내가 바로 당신**인데요!**"라는 대사도 이를 말해 주는 표현입니다.

에로스 없이 느끼는 성적 욕망은, 다른 모든 욕망이 그렇듯 우리 자신에 관한 일입니다. 그러나 에로스 안에서 성적 욕망은 오히려 우리가 사랑하는 연인에 관한 일입니다. 에로스 안에서 성적 욕망은 거의 하나의 인지認知 양식이 되고, 완전히 하나의 표현 양식이 됩니다. 우리는 성적 욕망을 객관적인 것, 우리의 바깥 현실 세계에 존재하는 어떤 것으로 느끼게 됩니다. 이것이 바로 에로스가 즐거움의 왕이면서도, (한창일 때는) 즐거움을 늘 부산물 정도로밖에 여기지 않는 이유입니다. 왜냐하면 성적 욕망에 대한 생각은 우리를 다시 우리 자신 속으로, 자신의 신경 체계 속으로 몰아넣기 때문입니다. 그런 생각은 에로스를 죽여 버릴 수 있습니다. 마치 어떤 아름다운 장관을 보면서 그것이 자기 자신의 망막과 시신경 속에 들어 있다고 여기는 사람의 생각이 그 장관을 '죽여 버릴' 수 있듯이 말입니다. 어쨌든 이러한 즐거움이 누구의 것인지 분간할 수도 없습니다. 에로스가 우선적으로 하는 일 중 하나가 주기와 받기 사이의 경계를 지우는 일이기 때문입니다.

지금까지 저는 단순히 서술만 했을 뿐, 도덕적 평가를 내리진 않았습니다. 그러나 이제는 도덕적인 문제를 피할 수 없는 지점에 왔으며, 저는 제 관점을 밝히지 않을 수 없습니다. 그러나 제 말은 단언이 아니라 하나의 의견이며, 저보다 더 나은 사람들과 더 나은 연인들과 더 나은 그리스도인들의 교정을 받을 용의가 얼마든지 있습니다.

과거에도 널리 그랬고 오늘날에도 여전히 많은 순진한 사람들이 받아들이고 있는 견해로, 에로스의 영적 위험은 전적으로 그 안에 내재하는 육적인 요소에서 생겨난다는 주장이 있습니다. 다시 말해 에로스는 그 안의 비너스가 최소한으로 축소될 때 '가장 고상하고' '가장 순수하다'는 것입니다. 과거의 윤리신학자들은, 결혼생활에서 가장 유의해야 할 위험은 감각적 쾌락에 빠져서 자기 영혼을 파멸시키는 일이라고 생각했던 것 같습니다. 그러나 이는 성경적인 접근이 아닙니다. 사도 바울은 자신이 전도한 이들에게 되도록 결혼하지 말 것을 권유했지만, 부부생활에서 너무 오랫동안 비너스를 끊고 지내서는 안 된다고 말한 것 외에는, 이 측면에 대해서는 아예 아무 언급도 하지 않았습니다(고린도전서 7장 5절). 그가 염려했던 바는 배우자에 대한 몰두, 항시 남편 또는 아내를 '기쁘게 해 주어야'—즉 고려해야—하는 일, 복잡한 가사家事 일로 마음이 분산되는 상황 등이었습니다. 하나님을 향한 중단 없는 섬김의 삶을 방해하는 것은, 결혼생활 자체이지 부부의 침실이 아닙니다. 사도 바울의 생각은 정말 옳지 않습니까?

저 자신의 경험을 근거로 말한다면, 신앙생활에 가장 큰 방해요소는 (미혼이든 기혼이든) 세세한 현실적 문제에 대한 염려입니다. 사소하고 시시하기 그지없는 것에 대한 염려 말입니다. 당장 해야 할 일에 대한 사소한 염려와 결정으로 마음이 어지러운 상황이, 그 어떤 격정이나 욕망보다도 더 저의 기도생활을 방해

했습니다. 결혼생활에 늘 따르는 큰 유혹은 육욕이 아니라 (한 마디로 말해) 탐욕입니다. 저는 중세의 영적 지도자들을 존경해 마지 않지만, 그들이 모두 독신이었다는 사실 역시 상기하게 됩니다. 아마도 그들은 에로스가 우리의 성을 어떻게 변모시키는지 몰랐을 것입니다. 에로스가 어떻게 단순한 욕망의 끈질긴 중독성을 악화시키기는커녕 감소시키는지 말입니다. 또 에로스가 그렇게 하는 것은 단순히 욕망을 만족시켜 줌으로써가 아닙니다. 에로스는 욕망을 감소시키지 않고도 금욕을 더 쉽게 만들어 줍니다. 물론 에로스는 연인에 몰두하는 경향이 있고 그것은 실로 영적 생활에 방해가 될 수 있지만, 어쨌거나 그것이 곧 육욕에 대한 몰두는 아닙니다.

에로스의 일반적인 영적 위험은 다른 데 있다고 생각합니다. 이에 대해서는 조금 후에 다루겠습니다. 여기서는 먼저, 특히 현대에 와서 사랑 행위에 들러붙은 한 가지 위험에 대해 짚고 넘어가려 합니다. 이것은 인류 전체가 아니라(당연합니다만) 그간 인류의 엄숙한 대변인 노릇을 해 왔던 이들의 의견에 제가 동의하지 않는 부분입니다. 저는 우리가 비너스를 지나치게 진지하게—잘못된 종류의 진지함으로써—대하고 있고, 또 그렇게 부추김 당하고 있다고 생각합니다. 돌이켜 보면, 이제껏 저는 성을 엄숙하게 대하라는 우스꽝스럽고도 으스스한 말을 수도 없이 들어온 것 같습니다.

어떤 작가는 결혼생활에서 비너스가 '엄숙한 성례전적sacramental 리듬'에 따라 반복되어야 한다고 말합니다. 어떤 젊은 이는, 자신이 감탄해마지 않는 소설을 두고 제가 '포르노' 소설이라고 하자 상당히 당황하며 말했습니다. "포르노 소설이라뇨? 어떻게 그럴 수 있지요? 그 책은 성을 정말로 진지하게 다루는데요." 그는 마치 진지함이 일종의 도덕적 소독제라도 되는 듯 말했습니다. 자기 안에 암흑의 신들, '피의 기둥pillar of blood' 을 품고 있다는 이들은 과거의 남근숭배 종교와 유사한 무언가를 오늘에 회복시키고자 진지하게 노력 중입니다. 섹시한 상업 광고는 성을 황홀하고 강렬하고 넋을 빼앗는 것으로만 묘사할 뿐, 좀체 유쾌한 것으로는 묘사하지 않습니다. 그리고 심리학자들은, 사실상 거의 불가능한 완벽한 성적 적응의 중요성을 어찌나 강조하며 우리를 홀리는지, 침실 탁자 위에 프로이트Freud나, 크라프트 에빙Kraft-Ebbing, 해브락 엘리스Havelock Ellis나 스톱스Marie Stopes 박사의 전집을 펼쳐놓고 성행위에 들어가는 현대의 젊은 부부를 상상할 수 있을 정도입니다. 성을 과소평가하지도 않았지만 침소봉대針小棒大 하지도 않았던 고대의 명랑 시인 오비디우스가 적어도 이들보다는 더 건전했습니다. 지금 우리에게 무엇보다 절실한 것은 성에 대한 옛날식의 유쾌한 웃음입니다.

그렇지만 성은 진지한 것 아니냐고 반문할 수도 있습니다. 그렇습니다. 그것도 사중적四重的으로 그렇습니다. 첫째 신학적 이유로는, 하나님이 자신과 인간의 연합에 대한 신비적 이미지로서 선택하신 결혼에 우리가 몸으로 참여하기 때문입니다. 둘째, 성은 일종의 준기독교적 · 이교적 · 자연적 성례로서, 생명과 다산多産의 자연적 힘—하늘의 부신父神과 대지의 모신母神의 결혼—에 인간이 참여하고 그것을 드러내는 것이기 때문입니다. 셋째, 도덕 차원에서 볼 때, 성에는 의무가 동반되며 부모와 조상이 된다는 것은 실로 따질 수 없을 만치 막중한 일이기 때문입니다. 마지막으로, 성은 (항상은 아니지만 가끔) 참여자의 마음속에 커다란 감정적 진지성을 낳기 때문입니다.

그러나 이렇게 보자면 먹는 행위 역시 진지한 것입니다. 신학적으로 보면 성찬의 수단이기에 그렇고, 윤리적으로 보면 우리에게는 굶주린 이들에게 먹을 것을 주어야 할 의무가 있기에 그렇고, 사회적으로는 태곳적부터 식탁은 대화를 나누는 장소이기에 그렇고, 의학적으로는 소화불량자라면 누구나 알고 있는 이유로 그렇습니다. 그러나 우리는 저녁식사 자리에 연구서를 들고 오진 않으며, 거기가 예배당인 양 행동하지도 않습니다. 그런 태도에 가장 근접해 있는 이들은 성자가 아니라 **식도락가**입니다. 또한 동물들은 언제나 음식에 대해 진지합니다.

우리는 비너스를 너무 진지하게만 대해서는 안 됩니다. 그런 전적인 진지성은, 사실 인간성에 폭력을 가하는 일입니다. 세상의 모든 언어와 문학이 성에 대한 농담으로 가득한 것은 공연한 일이 아닙니다. 그중 대다수는 재미없거나 역겨운 것이며, 또한 오래된 것입니다. 그러나 우리는 그것들에서 나타나는 그런 태도보다는 비너스에 대한 경건하고 엄숙한 태도가 결국에는 기독교적 삶을 훨씬 더 위험에 빠뜨린다는 점을 알아야 합니다.

우리는 육체 속에서 어떤 절대적인 것을 발견하고자 해서는 안 됩니다. 사랑의 침실에서 놀이와 웃음을 추방해 보십시오. 그러면 그 자리에는 거짓된 여신이 들어오게 됩니다. 그 여신은 그리스의 아프로디테Aphrodite보다 훨씬 더 거짓된 신일 것입니다. 왜냐하면 그리스인들은, 비록 아프로디테를 경배했지만 그녀가 '웃음을 사랑하는' 여신임을 알고 있었기 때문입니다. 비너스를 다소 코믹한 영으로 인식했던 일반 대중의 생각은 전적으로 옳습니다. 사랑의 이중주를 트리스탄과 이졸데 식의, 꼭 그렇게 떨리는 가슴으로 영원 운운하며 애끓는 태도로만 부를 의무가 있는 것은 아닙니다. 자주 파파게노Papageno와 파파게나Papagena[46] 식으로도 노래 부르는 게 좋습니다.

비너스의 (이따금씩 나타나는) 진지성을 우리가 액면 그대로 받아들이면, 그녀는 우리에게 두 가지 방식으로 끔찍한 보복을 가해 옵니다.

첫 번째 방식으로는, (웃기려는 의도는 없지만) 한 코믹한 예를 토마스 브라운Sir Thomas Browne[47] 경의 말에서 엿볼 수 있습니다. 비너스를 섬기는 일은 "현명한 사람이 일생에 저지를 수

---

46) 모차르트의 오페라 《마술 피리 The Magic Flute》에 등장하는 연인들.
47) 1605-1682. 영국의 의사, 작가.

있는 가장 어리석은 행동이며, 그는 곧 자기가 얼마나 괴이하고 무가치한 우를 범했는지 알게 될 터인데, 이제는 식어 버린 자신의 상상력을 이보다 더 실망시키는 것은 없다"고 그는 말했습니다. 그러나 만약 그가 처음부터 덜 진지하게 행동했더라면, 이러한 '실망'을 겪지 않았을 것입니다. 또 그가 처음부터 상상력을 잘못된 방향으로 펼치지만 않았더라면, 그것이 식었다고 해서 그렇게 염증을 느끼거나 하지도 않았을 것입니다. 그러나 비너스의 복수에는 이보다 더 나쁜 또 다른 방식이 있습니다.

여신이라기보다는 장난꾸러기 꼬마 요정에 훨씬 가까운, 장난기 심한 짓궂은 영인 비너스는 인간들을 가지고 놀기 좋아합니다. 모든 외적인 환경이 비너스를 섬기기에 최적일 때는 연인 중 한 사람이나 그 둘 모두의 기분을 전혀 내키지 않게 만들어 버리곤 합니다. 반면 모든 공공연한 행동이 불가능하고, 심지어 시선도 서로 교환하기 어려운 그런 때에는―기차나 상점 안, 혹은 지루한 파티 장에서―사력을 다해 그들을 엄습합니다. 그러나 한 시간 후 적합한 시간과 장소가 되면, 비너스는 또 묘하게도 자취를 감춰 버리곤 합니다. 많은 경우 그 둘 중 한 사람에게서만 말입니다. 비너스를 신으로 모시는 이들에게 이는 얼마나 소란스런 야단법석―그 모든 원한, 자기 연민, 의심, 상처 입은 허영심, 또 요즘 유행인 '좌절감' 운운 하는 소리들―을 불러일으키는지! 그러나 양식 있는 연인들은 이런 것을 그저 웃어 넘깁니다. 이는 모두 비너스가 벌이는 게임―잡았다 놓쳤다 하는 자유형 레슬링 같은―의 일부에 불과하기 때문입니다.

그 놓치고 뒹굴고 맞붙고 하는 모든 상황을, 우리는 다만 어린아이의 놀이로 여길 줄 알아야 합니다. 왜냐하면 에로스처럼 그렇게 원대하고 초월적으로 보이는 열정이 이렇듯 (날씨·건강·음식·혈액순환·소화와 같은 현세적 요소들과 너무 노골적으로 관련을 맺고 있는) 육체적 욕구와 어울리지 않는 공생 관계에 있다는 사실이, 제게는 하나님의 조크로 밖에는 보이지 않기 때문입니다. 에로스 안에서 가끔 우리는 하늘을 나는 듯합니다. 그러나 비너스는 갑작스럽게 우리를 잡아당겨, 실은 우리가 땅에 묶여 있는 기구氣球에 불과하다는 사실을 상기시켜 줍니다. 이는 우리가 한편으로는 천사들과 유사하고 또 한편으로는 수코양이들과 유사한 합성물, 이성을 가진 동물이라는 사실을 지속적으로 확인시켜 줍니다. 농담을 받아들이지 못하는 것은 나쁩니다. 하나님의 농담을 받아들이지 못하는 것은 더욱 그렇습니다. 왜냐하면 그 농담은 비록 우리를 웃음거리로 삼지만, 동시에 우리에게 영원한 유익이 되기 때문입니다(누가 이를 의심할 수 있습니까).

인간이 자기 몸을 보는 관점에는 세 가지가 있습니다. 첫째는 몸을 영혼의 감옥 내지 '무덤'이라고 불렀던 저 금욕적인 이교도들과, 몸을 '똥 부대'이며 벌레의 먹이며 더럽고 창피스러운 것이며 악인에게는 유혹을, 선인에게는 수치를 주는 것일 뿐이라고 말한 피셔John Fisher[48] 같은 그리스도인의 관점입니다.

둘째는 몸을 영광스러운 것으로 여기는 신新이교도들(그들 대다수는 헬라어를 모릅니다), 누드주의자들, 그리고 암흑의 신들을 신봉하는 자들의 관점입니다. 셋째는 자기 몸을 '나귀 형제'라고 부른 성 프란체스코의 표현에 나타나는 견해입니다. 이 세 관점 모두 나름으로 일리는 있겠지만, 저는 성 프란체스코의 관점이 옳다고 봅니다.

'나귀'는 정말 기가 막히게 딱 맞는 표현입니다. 왜냐하면 제정신이라면 누구도 당나귀를 숭배하거나 증오하지 않을 것이기 때문입니다. 나귀는 쓸모 있고 억세며 게으르고 고집스러우며 끈기 있고 사랑스러우며 성질을 돋우는 짐승입니다. 때로는 채찍, 때로는 당근이 필요하며, 측은해 보이는 동시에 우스꽝스럽게 보이는 아름다운 짐승입니다. 우리의 몸도 그렇습니다. 우리 몸이 삶에서 감당하는 기능 중 하나가 광대 역할이라는 점을 인정하기 전까지는, 우리는 아직 그것과 더불어 사는 법을 제대로 익히지 못한 셈입니다. 이는 어떤 허구적 이론에 물들지 않는 한, 세상의 모든 남녀노소가 이미 알고 있는 사실입니다. 우리에게 몸이 있다는 사실은 현존하는 가장 오래된 농담입니다. 이따금 에로스는, (죽음이나 인물 데생이나 의학 연구처럼) 우리가 에로스를 전적으로 진지하게 대하게끔 만들기도 합니다. 그러나

---

48) 1469-1535. 영국의 인문주의자이자 고위 성직자로, 교황과 로마 가톨릭에 헌신적이었고 루터의 사상을 비판하여 명성을 얻었다.

에로스가 항상 그럴 것이라는 생각은 착각이며, 그런 착각은 농담을 영구히 말살해 버립니다.

그러나 실제로는 이런 일이 일어나지 않습니다. 우리가 아는 모든 행복한 연인들의 얼굴만 봐도 분명히 알 수 있습니다. 잠깐 하다 마는 그런 사랑이 아닌 이상, 모든 연인들은 에로스에 대한 몸의 표현에서 거듭거듭 희극적이고 놀이적인 요소, 심지어 익살스러운 요소를 느낍니다. 그렇게 느끼지 못하는 이들은 좌절을 겪게 됩니다. 몸의 서투름 자체를 총체적 경험에 더해지는 괴기한 매력—영혼의 고상한 행위를 제멋대로 난잡하게 흉내내는 일종의 막간 광대극—으로 느끼지 못하는 사람에게, 몸은 사랑의 음악을 연주하기엔 너무 서투른 악기일 뿐입니다. (그래서 옛 희극을 보면, 남녀 주인공 사이의 서정적 사랑은 꼭 터치스톤 Touchstone과 오드리Audrey[49], 남종들과 여종들 사이에서 일어나는 훨씬 세속적인 사랑으로 패러디되면서 동시에 보충되곤 합니다.) 최하층 없이 최상층은 설 수 없습니다. 때로 우리의 육체는 대단히 시적인 형상을 띠기도 합니다. 그러나 유감스럽게도 육체에는 구제불능일 정도로 완고하고 우스꽝스러운, 전혀 시적이지 않은 요소 또한 있습니다. 한순간 그 점을 느끼지 못했다면, 다음 순간에는 반드시 느끼게 되어 있습니다. 이점을 모르는 척하기보다는, 에로스의 드라마에 포함된 일종의 막간 코믹물로서

---

49) 셰익스피어의《뜻대로 하세요 As you like it》에 나오는 인물들.

솔직하게 인정하는 편이 더 낫습니다. 왜냐하면 실지로 우리에게는 이러한 막간 휴식이 필요하기 때문입니다.

시적인 순간도 있고, 시적이지 않은 순간도 존재합니다. 비너스가 무게를 잡을 때도 있고 가벼울 때도 있습니다. 무거운 열정*gravis ardor*, 타는 듯한 욕망이 일어나는 순간도 있습니다. 그런데 쾌락도 극에 달하면 고통처럼 우리를 상하게 합니다. 오직 육체를 매개로 해서만 이뤄지는, 그러나 서로를 배제할 수밖에 없는 몸의 특성상 영원히 이룰 수 없는 이 연합을 향한 우리의 갈망은 어떤 형이상학적인 추구와 같은 숭고성을 띨 수 있습니다. 슬픔뿐 아니라 욕정도 우리를 눈물 흘리게 만들 수 있습니다. 그러나 비너스가 늘 '먹이 추적에 전력하는' 것은 아니며 이따금씩만 그렇게 한다는 사실 자체가, 비너스를 대할 때 우리가 늘 놀이하는 태도를 견지해야 하는 이유입니다. 자연적인 것이 신적으로 보일 때는, 그것이 이제 곧 악마적인 것이 되려 하는 때이기에 그렇습니다.

너무 함몰되는 것에 대한 거부—진지함만 보일 때에도 그 가벼움을 회상하기—는, 비너스가 강렬하게 나올 때 대부분의(아마 전부는 아니리라 생각합니다) 연인들이 드러내는 어떤 태도와 특별히 관련됩니다. 이 행위는 비록 잠시지만, 남자가 어떤 극단적인 주인 행세나 정복자 내지 포획자 같은 권세를 부리게 만들며, 여자는 그에 상응하는 극단적인 종속과 항복의 자세를 갖게 만듭니다. 그래서 어떤 에로틱한 행위에서 보이는 거칠고 심지어 난폭하기까지 한 모습, '연인에게 상처를 주고 또 받기를 원하게' 됩니다. 건전한 커플이라면 어찌 이런 일을 상상할 수 있겠습니까? 그리스도인 커플이 어찌 이런 일을 용납할 수 있겠습니까?

저는 한 가지 조건 아래서는 이것이 무해하고 건전하다고 생각합니다. 이러한 행위가 성에서 일종의 '이교적 성례'라는 점을 인지하면 됩니다. 앞서 살펴본 대로, 우정에서는 각 사람이 자기 자신—일개 개인으로서의 자신—만을 대표합니다. 그러나 사랑의 행위에서 우리는 단순히 우리 자신이 아닙니다. 우리는 또한 대표자이기도 합니다. 이러한 행위에서 우리보다 더 오래되고 덜 인격적인 어떤 힘들이 우리를 통해 움직이고 있음을 인식하는 것은 우리를 피폐하게 만들기보다 오히려 풍성하게 해 줍니다. 세상의 모든 남성성과 여성성, 모든 공격성과 반응성이 이 시간 잠시 우리 안에 집중되는 것입니다. 이 시간 남자는 하늘의 부신 역할을, 여자는 대지의 모신 역할을 합니다. 남자는 형상the Form 역할을, 여자는 질료the Matter 역할을 하는 것입니다. 그러나 이는 분명 말 그대로 **역할 놀이**play여야 합니다. 물론 위선이라는 의미에서의 역할 놀이는 아닙니다. 하지만 어쨌거나 각자는—(한쪽 극단에서는) 미스터리극이나 비밀 제의ritual, 혹은 (또 다른 극단에서는) 가면극이나 제스처 게임[50]에 비견

---

50) 한 사람이 몸짓으로 표현하는 말을 다른 사람이 알아맞히는 실내 놀이.

될 수 있는 어떤 상황에서—한 부분 또는 역할을 감당하는 것입니다.

사실상 이렇게 극단적으로 자기를 한 남자에게 내어 주겠다 하는 여자가 있다면, 그녀는 오직 하나님께만 드려야 할 것을 사람에게 바치는 우상숭배를 저지르는 셈입니다. 또한 비너스가 잠시 동안만 허락하는 주권을 인간에 불과한 남자가 정말로 제 것인 양 사칭하는 것은, 자신을 최고의 존재로 내세우는 신성모독일 수밖에 없습니다. 그러나 합법적으로 양도되거나 요구될 수 없는 것도 합법적으로 연기演技될 수는 있습니다. 이러한 의식儀式이나 드라마 바깥에서 그와 그녀는 서로 대등한 불멸의 영혼이며, 두 자유인이며, 두 시민입니다. 비너스의 행위 안에서 지배가 옹호되고 인정되는 부부관계라 해도, 그 부부의 결혼생활 전체에서 남편이 지배권을 행사할 것이라고 생각한다면 이는 큰 오해입니다. 사실은 그 반대일 가능성이 더 높습니다. 그러나 그 의식 내지 드라마 안에서, 그들은 서로 평등하지 않고 불균형적 관계에 있는 신과 여신이 됩니다.

아마 어떤 이들은, 흔히 가장 사실적이고 가장 숨김없으며, 더없이 참된 것으로 간주되는 그런 행위에서 이렇듯 종교 의례적이고 가식적인 요소를 찾아내는 것을 의아하게 여길 것입니다. 벌거벗을 때 우리는 정말로 우리 자신이 되는 것이 아닙니까? 어떤 의미에서는 그렇지 않습니다. **벌거벗은**naked이라는 단어는 본래 과거분사입니다. 즉 벌거벗은 사람이란 **벗기기**라는 과정을 겪은 사람을 말합니다(우리는 과일의 껍질을 벗길 때도 같은 단어를 사용합니다). 아득한 옛날부터 우리 선조들은 벌거벗은 사람을 자연스러운 사람이 아니라 비정상적인 사람으로 보았습니다. 옷 입지 않기로 선택한 사람이 아니라, 어떤 연유로 옷 벗김을 당한 사람으로 여겼던 것입니다. 그리고 나체가 공통된 인간성은 강조하는 반면 개인성은 희석시킨다는 점은 누구라도—해수욕장만 가 봐도—알 수 있습니다. 그렇기에 사실 우리는 옷을 입고 있을 때 '더 자기 자신'답습니다.

나체가 될 때 연인은 존으로서의 존, 메리로서의 메리이기를 그칩니다. 대신 그들은 각각 남자이고 여자라는 사실이 더 강조됩니다. 사실 이때 그들은 나체를 일종의 예복—혹은 제스처 게임을 위한 의상으로서—으로 **입는** 것이라고도 할 수 있습니다. 왜냐하면 우리는 언제나—특히 '이교적 성례'에 참여하고 있을 때—잘못된 진지함에 빠지지 않도록 유의해야 하기 때문입니다. 하늘의 부신이란, 제우스 신보다 훨씬 더 위대하고 남성보다 훨씬 더 남성적인 어떤 존재에 대해 이교도들이 꾸었던 하나의 꿈에 불과합니다. 그리고 인간은 하늘의 부신이 아니며, 실제로는 그 신의 왕관을 쓸 수 없습니다. 다만 값싸고 화려한 종이로 만들어진 모조 왕관만 쓸 수 있을 뿐입니다. 이는 그것을 경멸하자는 말은 아닙니다. 저는 의식을 좋아하며 연극도 좋아하며 심지어 제스처 게임도 좋아합니다. 종이 왕관도 (알맞은 맥락에서는) 나름의 합법적인 진지한 쓰임새가 있습니다. 어쨌거나 그것은 ('상상력의 도움을 받아 생각해 보면') 세속적 영광보다는 더 항구적입니다.

이제 저는 이교의 성례와 혼동될 위험이 있는, 그러나 비교할 수 없을 정도로 더 고차원적인 신비에 대해서 언급하지 않을 수 없습니다. 자연이 그 짧은 행위 안에서 남자에게 왕관을 씌워 주듯이, 기독교 법도 항구한 결혼 관계 안에서 그에게 왕관을 씌워 줍니다. 즉 그는 '머리 됨'을 수여—혹은 부과라고 말할 수 있을까요—받습니다. 이는 이교 성례와는 매우 다른 대관식입니다. 그리고 우리는 자연적 신비를 지나치게 진지함으로 대할 때가 많듯이, 이 기독교적 신비를 충분히 진지하지 않게 대할 때가 많습니다. 때로 어떤 기독교 작가들은(특히 밀턴의 경우) 소름 끼칠 정도로 너무 자기만족적인 태도로 남편의 머리 됨을 운운하기도 했습니다.

우리는 성경으로 돌아가야 합니다. 남편이 아내의 머리인 것은, 그리스도가 교회에 하듯 하는 한에서 그렇습니다. 남편은 그리스도가 교회를 사랑하듯 아내를 사랑하고 **아내를 위해 자기 목숨을 내어 주어야** 합니다(에베소서 5장 25절). 이러한 머리 됨은 흔히 우리 모두가 바라는 그런 남편의 모습이 아니라, 십자가 고난 같은 결혼생활을 하는 남편의 모습에서 비로소 완전히 구현됩니다. 받기만 하고 주는 것은 없으며 격이 맞지 않을 뿐 아니라 (그녀 자체로서도) 전혀 사랑스럽지 않은 아내를 둔 남편이 이에 해당됩니다. 교회 역시 신랑이신 주님이 부여해 주는

아름다움 외에는 어떠한 아름다움도 갖고 있지 못합니다. 주님
은 그 아름다움을 발견하는 것이 아니라 만들어 냅니다.

이렇듯 끔찍한 대관식의 성유聖油는, 결혼생활의 기쁨이 아
니라 슬픔, 착한 아내의 병이나 고통 혹은 나쁜 아내의 결함 속
에서 그런 아내에 대한 남편의 한결같은(그러나 과시하지 않는) 돌
봄 혹은 끝없는 용서(묵인이 아닌 진짜 용서)로 나타납니다. 마치
그리스도가 지상에 있는 결점 많고 교만하며 광신적이거나 미지
근한 교회를 통해 언젠가 흠이나 주름 없는 모습이 될 신부를
보고 또 그런 신부를 낳기 위해 수고하듯이, 그리스도와 같은
머리 됨(이와 다른 머리 됨은 허락되지 않았습니다)을 행사하는 남편
은 결코 절망하는 법이 없습니다. 그는 20년이 지난 후에도 여
전히 그 거지 소녀가 언젠가는 거짓말하는 습관을 버리고 제대
로 세수할 줄 아는 날이 오기를 바라는 코페투아Cophetua왕[51]
과 같습니다.

제 말은 이런 불행이 포함된 결혼생활이 덕스럽거나 지혜롭다
는 뜻은 아닙니다. 불필요한 순교를 일부러 자청하거나 의도적
으로 박해를 불러들이는 것은 지혜도, 덕도 아닙니다. 그렇지만
어쨌거나 주님의 모습을 가장 분명하게 본받는 이들이 있다면
박해와 순교를 당하는 그리스도인들입니다. 그러므로 본의 아니
게 이런 불행한 결혼에 처하게 된 남편이 '머리 됨'을 감당하는

---

51) 거지 소녀를 사랑해서 결혼했다는, 동화 속 왕.

모습이야말로 가장 그리스도를 닮은 모습입니다.

단호한 페미니스트들도 이교적 신비나 기독교적 신비에서 남성에게 수여되는 그 왕관을 못마땅하게 여길 필요는 없습니다. 왜냐하면 전자의 경우는 종이 왕관이며, 후자의 경우는 가시 왕관이기 때문입니다. 진짜 위험은 남편이 그 가시 왕관을 움켜쥐고 놓지 않으려는 데 있는 것이 아니라, 그 왕관을 아내가 가로채도록 허락하거나 강요할 수 있다는 데 있습니다.

에로스 안에 있는 육적인 요소로서의 비너스 이야기에서, 이제 에로스에 관한 전체적인 이야기로 넘어가고자 합니다. 여기서도 우리는 동일한 패턴이 반복되는 것을 발견합니다. 에로스 안의 비너스가 쾌락을 추구하지 않듯이, 에로스 역시 행복을 추구하지 않습니다. 달리 생각했을 수 있지만, 에로스를 시험해 보면 그것이 증명됩니다. 누구나 짐작하듯이 연인을 갈라놓으려고 할 때 그들에게 그들의 결혼이 불행할 것이라고 아무리 설명해도 전혀 소용이 없습니다. 이는 단순히 그들이 당신의 말을 믿지 않기 때문이 아닙니다. 물론 대개의 경우 그들은 그 말을 믿지 않습니다. 그러나 그들이 믿는다 하더라도 사정은 달라지지 않습니다. 왜냐하면 에로스의 특징 자체가 사랑하는 사람 없이 행복을 누리기보다는 사랑하는 사람과 더불어 불행을 나누고 싶어 하기 때문입니다. 심지어 그 두 연인이, 쓰라린 마음도 결국 시간이 지나면 다 치유되며 일단 마음 굳게 먹고 이별의 고통을 견디어 내기만 하면 10년 후에는 둘이 결혼했을 경우보다

거의 확실히 더 행복할 것이라는 사실을 알 만큼 성숙하고 경험 있는 사람들이라 해도, 그들은 헤어지려고 하지 않습니다. 이런 모든 계산은 에로스에게 통하지 않기 때문입니다. 루크레티우스의 냉정한 판단이 비너스에게 통하지 않듯이 말입니다. 그 결혼이 행복할 수 없다는 사실이 의문의 여지가 없을 만치 확실할 때에도(불치병 간호, 평생의 가난, 유랑생활, 불명예 밖에 따르지 않는 결혼임이 분명할 때에도) 에로스는 전혀 주저하지 않고 말합니다. "그래도 헤어지는 것보다는 낫습니다. 그녀 없이 행복하기보다는 그녀와 함께 불행한 것이 낫습니다. 함께라면 우리는 어떠한 고통도 견뎌낼 수 있습니다." 우리 내면의 목소리가 이런 식으로 말하지 않는다면 그것은 에로스의 목소리가 아닙니다.

이는 숭고하고 무서운 사랑의 면모입니다. 그러나 비너스의 경우처럼, 여기서도 숭고한 면모와 더불어 유쾌한 면도 있음에 주목하시기 바랍니다. 에로스도 비너스처럼 무수한 농담의 주제가 됩니다. 그리고 두 연인이 너무도 비극적인 상황에 처해 있어서 지켜보는 사람들이 눈물을 감출 수 없는 그런 때에라도, 그들은—가난, 병상, 감옥 면회실에서도—때때로 그들 스스로도 놀랄 정도로 명랑한 기분에 빠져 들어서는 (그들을 제외한 나머지) 사람들을 비애감에 젖게 만들곤 합니다. 상대를 놀리며 웃는 것이 반드시 비난받을 일이라고 생각한다면 이는 매우 잘못된 생각입니다. 연인은 함께 아기를 보며 웃기 전까지는, 항상 서로를 놀리며 웃습니다.

위험의 씨앗이 숨어 있는 곳은 다름 아닌, 에로스의 그 숭고성입니다. 에로스는 마치 신처럼 말합니다. 완전히 헌신하고, 행복을 깡그리 무시하고, 이기심을 초월하는 것이 마치 영원한 세계로부터 오는 메시지처럼 들립니다.

그러나 그 자체로는 하나님의 음성일 수 없습니다. 왜냐하면 에로스의 그러한 숭고성과 자기 초월성으로 선뿐 아니라 악을 향해서도 돌진할 수 있기 때문입니다. 죄로 치달은 사랑이 충실하고 복되게 기독교적 결혼에 도달한 사랑보다 질적으로 저급한 (더 동물적이고 하찮은) 사랑이었을 거라고 여기는 것만큼 얄팍한 생각도 없습니다. 잔인한 성적 결합과 변심으로 심지어 동반자 살이나 살인으로 치달은 사랑이라고 해서, 주체 못할 욕정이나 한가한 감상sentiment에 불과한 사랑이었다고 말할 수는 없습니다. 어쩌면 가장 찬란한 경지의 에로스, 애절하도록 진지하며 포기 외에는 어떤 희생도 기꺼이 감수하는 그런 에로스였을 수도 있습니다.

에로스의 음성을 초월적인 메시지로 받아들이고 그 명령을 절대적인 것으로 정당화하고자 애쓴 사상가들이 있었습니다. 플라톤은 '사랑에 빠지는' 것은 이전 천상의 생에서 짝으로 뽑힌 영혼들이 지상에서 서로를 알아보는 것이라고 말했습니다. 연인을 만난다는 것은, '태어나기 전부터 이미 우리는 서로 사랑했다'는 사실을 깨닫는 것이라고 했습니다. 이는 연인의 감정을 표현해 주는 하나의 신화로서는 훌륭합니다. 그러나 이를 문자 그대로 받아들이는 사람은 당혹스런 결론에 봉착하게 됩니다. 우리가 기억 못하는 그 천상의 삶에서도 이곳 지상 못지않게 일이 서투르게 처리된다는 결론 말입니다. 왜냐하면 에로스는 정말이지 서로 맞지 않는 사람들을 짝으로 맺어 주기 때문입니다. 많은 불행한, 불행할 것으로 예상되는 결혼이 연애로 한 결혼입니다.

현대인들이 더 수긍할 것으로 보이는 또 다른 이론으로, 쇼적 낭만주의—버나드 쇼Bernard Shaw 자신은 '메타생물학적 metabiological' 낭만주의라고 부르고 싶겠지만—라고 부를 만한 사상이 있습니다. 쇼적 낭만주의에 따르면, 에로스의 음성은 **생명력**élan vital, '진화 욕망evolutionary appetite'의 음성입니다. 그 음성이 어떤 남녀를 사로잡는 것은, 그들을 부모(혹은 선조)로 삼아 후대에 초인superman이 생겨나게 하기 위함입니다. 에로스는 개인적 행복이나 도덕법 모두에 무관심한데, 이는 쇼가 생각하기에 에로스가 개인의 행복이나 도덕법보다 훨씬 더 중요한 무언가—장차 이루어질 인간 종의 완성—를 추구하기 때문입니다. 그러나 이를 사실로 가정하더라도, 쇼적 낭만주의는 우리가 그 음성에 순종해야 하는지—그렇다면 그 이유가 무엇인지—를 명확하게 해 주지 못합니다. 왜냐하면 그 이론이 묘사하는 초인이라는 것이 어찌나 흉측스러운지, 사실 그런 존재를 낳게 될지 모를 위험을 피하기 위해 당장이라도 금욕을 서약하고 싶을 정도이기 때문입니다. 또 이 이론은 그 생명력이라는 것이 하는 일을 제대로 이해나 하고 있는지 의심하지 않을 수 없게 만듭니다. 왜냐하면 우리가 아는 한, 두 사람 사이에 에로스가 존재하는지, 또 그 강도가 얼마인지는, 그들이 양질의 후손을 낳을지, 아니 대체 후손을 보기라도 할지를 전혀 보증해 주지 못하기 때문입니다. 좋은 아이를 낳게 해 주는 것은, 두 명의 좋은 연인이 아니라 두 개의 좋은 (목축업자들이 말하는 의미에서의) '혈통'이기 때문입니다. 그리고 후손을 보는 일이 두 사람 간의 에로스보다는 중매결혼이나 노예제나 강간 등에 훨씬 더 달려 있던 그 무수한 세대 동안 대체 그 생명력은 무얼 하고 있었단 말입니까? 그 기간 동안은 인류를 향상시킬 이 영특한 아이디어를 생각해 내는 일에만 골몰했다는 말입니까?

플라톤 식이건 버나드 쇼 식이건, 이러한 에로스 초월주의는 그리스도인에게 아무런 도움도 못 됩니다. 우리는 생명력 숭배자들이 아니며, 이전 생에 대해서도 전혀 아는 바가 없습니다. 에로스가 아무리 신처럼 말한다 해도 우리는 그 음성에 무조건적으로 순종해서는 안 됩니다. 또한 우리는 에로스가 가진 신과의 유사성을 무시하거나 부인해서도 안 됩니다. 이 사랑은 참으로 사랑 자체이신 분의 사랑을 닮았습니다. 이 사랑은 정말로 하나님과 (유사성이라는 의미에서) 가까운 사랑입니다. 물론 그렇더라도 접근성이라는 의미에서 그분과 가까운 것은 아닙니다. 에로스가 하나님 사랑과 이웃 사랑이 허락하는 한도 내에서 높임을 받을 때는, 하나님께 접근하는 하나의 수단이 될 수도 있습니다. 에로스의 전적인 헌신은, 우리가 하나님과 이웃에게 행해야 하는 사랑의 패러다임 내지 본보기—우리 본성 속에 주어진—가 될 수 있습니다. 자연이 자연 애호가들에게 **영광**이라는 말의 내용을 제공하듯, 이 사랑은 **자비**라는 말의 내용을 제공합니다. 이는 마치 그리스도께서 에로스를 통해 우리에게 이렇게 말씀하시는 것과 같습니다. "이렇게—바로 이렇게—아낌없이—손해를 따지지 말고—너희는, 나와 너희 형제 중 가장 작은이를 사랑해야 한다."

에로스에 대한 우리의 조건적 경의는 물론 상황에 따라 다르게 나타납니다. 어떤 경우에는, 에로스에 대한 전적인 포기(경멸이 아닌)가 요구되기도 합니다. 또 어떤 이들에게는 에로스가 결혼생활을 위한 연료와 모델이 되기도 합니다. 그러나 결혼생활이 결코 에로스만으로는 충분하지 않습니다. 정말이지 에로스는 자기보다 높은 규범에 의해 지속적으로 단련되고 보강될 때 비로소 계속 살아남을 수 있습니다.

에로스가 무제한적·무조건적으로 높임을 받을 때는 악마가 되고 맙니다. 그런데 에로스는 늘 이런 식으로 자기를 높이고 자기에게 순종할 것을 요구합니다. 에로스는 우리의 이기심에 대해서는 신적인 무관심을 보이는 반면, 자기 주장에 반反하는 하나님과 사람의 요구에 대해서는 악마적인 반발을 보입니다. 그래서 어느 시인은 이렇게 말합니다.

사랑에 빠진 이의 마음은 어떠한 호의로도
움직일 수 없고,
반대를 당하면 스스로를 순교자로 느끼게 된다네.

순교자라는 말은 정말 딱 들어맞는 표현입니다. 오래 전 중세 시대 연가戀歌에 관한 책을 한 권 쓰면서 그 시들에 나타나는 색다르고 허황된 '사랑의 종교'에 대해 묘사한 적이 있는데, 그 때 저는 그런 것을 순전히 문학적인 현상으로만 생각했을 정도로 뭘 잘 몰랐습니다. 그러나 지금은 그때에 비해 좀더 알게 되었습니다. 에로스의 본질 자체가 우리를 그 '사랑의 종교'에 빠져들게 만듭니다. 에로스의 최고 경지는 모든 사랑 중에서 가장 신을 닮았기 때문입니다. 따라서 그 사랑은 우리에게 숭배를 요구하는 경향도 가장 큽니다. 저 혼자 내버려 두면 에로스는 늘 '사랑에 빠진 상태'를 일종의 종교로 변모시키는 경향을 보입니다.

흔히 신학자들은 에로스에 우상숭배의 위험이 있음을 지적하곤 했습니다. 그 지적은 연인들이 서로를 우상화하는 경향이 있다는 의미인 것 같습니다. 그러나 제가 보기에 진짜 위험은 그게 아닌 듯합니다. 부부 사이에서는 확실히 그렇지 않습니다. 결혼생활의 맛깔스런 일상성과 현실적 친밀성은 그것을 가당치도 않게 만들어 버립니다. 에로스를 옷처럼 늘 감싸고 있는 애정도 그렇습니다. 심지어 구애求愛 과정에서 창조자를 향한 영적 목마름을 느껴 보았거나 그런 느낌을 어렴풋이나마 상상해 본 사람이라면 누구도 자기 연인이 그런 갈망을 만족시켜 주리라고 생각했을 것 같지는 않습니다. 동일한 갈망을 가슴에 품은 동료 순례자, 즉 친구로서 그 연인은 참으로 멋지고 도움이 되는 상대일 수 있습니다. 그러나 연인을 갈망의 대상으로 삼는 것은 (실례가 될지 모르겠지만) 우스꽝스러운 일일 따름입니다. 제가 보기에, 에로스의 진짜 위험은 연인들이 서로를 우상화하는 데 있는 것이 아니라 에로스 자체를 우상화하는 데 있습니다.

물론 그들이 에로스를 위해 제단을 세운다거나 기도를 드린다는 말은 아닙니다. 제가 말하는 우상숭배가 어떤 것인지는 "저의 많은 죄가 사하여졌도다 이는 저의 사랑함이 많음이라Her sins, which are many, are forgiven her, for she loved much"(누가복음 7장 47절)는 주님의 말씀을 사람들이 흔히 어떻게 오해하는지를 살펴보면 알 수 있습니다. 문맥을 볼 때, 특히 바로 앞서 나오는 빚진 자에 대한 비유 말씀을 볼 때, 그 의미는 분명 "그녀가 나를 많이 사랑하는 것은 그녀가 내게서 많은 죄를 용서받았음을 보여 주는 증거다"라는 것입니다. (누가복음 7장 47절의 "**이는**for"이란 단어는 "그는 분명 외출하지 않았어. **왜냐하면**for 지금도 거실에 그의 모자가 걸려 있거든"이라고 할 때의 그 **왜냐하면**이라는 뜻입니다. 모자가 있다는 것은 그가 집에 있다는 사실의 원인이 아니라, 그 사실을 보여 주는 개연성의 증거입니다.)

그러나 많은 사람들이 이 구절을 잘못 해석합니다. 그들은 아무런 증거도 없이, 그녀의 죄가 순결을 깨뜨린 죄였을 것이라고 단정합니다. 사실 그 죄는 우리 모두도 잘 아는 죄, 고리대금을 했다거나 부정직한 장사를 했다거나 아이들을 가혹하게 대한 그런 죄였을 수도 있는데 말입니다. 그러고서는 그들은 주님의 말씀을 이런 의미로 해석합니다. "내가 그녀의 부정不貞을 용서하는 것은 그녀가 그를 너무 사랑해서 그렇게 한 것이기 때문이다." 여기에 내포된 의미는 위대한 에로스가 한 일이라면 무엇이든 정상참작을 (심지어 정당하며 거룩한 일이라는 인정까지도) 받을 수 있다는 것입니다.

비난받을 만한 행동을 저질렀을 때 연인들은 흔히 "사랑이 우리를 그렇게 만들었다"고 말하는데, 이때 말의 어조에 주목해 보십시오. 이는 "너무 무서워서 그랬어"랄지 "너무 화가 나서 그랬어"라고 말할 때의 어조와는 전혀 다릅니다. 이 두 경우는 변명이 필요한 일에 대해 변명을 하고 있는 것입니다. 그러나 연인들의 태도는 거의 그렇지 않습니다. 그들이 얼마나 떨리는 목소리로, 또 얼마나 헌신적인 태도로 **사랑**이라는 단어를 말하는지 주목하십시오. 이는 "정상참작을 해 달라"는 태도가 아니라, 어떤 권위에 호소하는 태도입니다. 그 고백은 거의 자랑이 될 수도 있습니다. 거기에는 도전적인 태도도 담길 수 있습니다. 그들은 스스로를 '순교자로 느낍니다.' 극단적인 경우, 그 말은 사랑의 신에 대한 그들의 확고부동한 충성심을 점잖게 표현해 주는 말에 지나지 않습니다.

"사랑의 법 안에서 이러한 동기는 선으로 간주되지요"라고 밀턴의 델릴라Dalila는 말합니다. **사랑의 법 안에서.** 이것이 요지입니다. '사랑 안에서' 우리는 자신의 '법', 자신의 종교, 자신의 신을 가집니다. 그래서 진짜 에로스가 있는 곳에서는 그의 명령을 거부하는 것이 마치 배교 행위처럼 느껴집니다. 실제로는 (기독교적 기준에 의하면) 유혹의 목소리인 것이 마치 의무의 목소리인 양 들려 옵니다. 유사종교적 의무감, 일종의 경건한 열정을 일으킵니다. 에로스는 연인 둘레에 자신의 종교를 세웁니다. 벤자민 콩스탕Benjamin Constant은 어떻게 에로스가 단지 몇 주 혹은 몇 달 안에, 연인 사이에 아주 오래된 옛 일처럼 느껴지는 공동의 과거를 만들어 내는지를 주목한 바 있습니다. 그들은 마치 시편 기자들이 이스라엘의 역사를 회상하듯이 경이감과 경외감을 가지고 끊임없이 그때를 회상합니다. 이는 이 사랑의 종교에서, 이를테면 구약에 해당됩니다. 그들이 서로 사랑한다는 사실을 처음 알게 된 그 순간까지 그간 사랑이 선택받은 자신들에게 베풀어 왔던 그 모든 심판과 자비에 대한 기록 말입니다. 그러고는 이제 신약이 시작됩니다. 이제 그들은 어떤 새로운 법, 곧 (이 종교가 말하는) 은혜 아래 놓입니다. 이제 그들은 새로운 피조물입니다. 이제 에로스의 '영'은 모든 법을 초월하며 그들은 결코 그 영을 '근심하게' 해서는 안 됩니다.[52]

---

52) "하나님의 성령을 근심하게 하지 말라." 에베소서 4장 30절 참조.

전에는 감히 생각지도 못했을 온갖 종류의 행위도 이제 다 그 영이 허용해 주는 듯합니다. 그 행위란 단순히 순결을 범하는 행위만 말하는 것이 아닙니다. 외부 세계를 향한 불공정하고 무자비한 행위도 의미합니다. 그들은 그런 행위를 에로스를 향한 경건과 열정의 증거로 여깁니다. 그들은 서로를 위한 희생자인 양 서로에게 말합니다. "내가 부모님마저 무시하고, 내 아이들을 버리고, 배우자를 속이고, 어려움에 처한 친구를 저버린 것은 다 사랑을 위해서야." 이러한 동기는 사랑의 법 안에서 선으로 간주됩니다. 독실한 헌신자는 그러한 희생을 자신이 이룩한 자랑할 만한 공로로 느끼기도 합니다. 사랑의 제단에 바쳐질 제물로서 사람의 양심보다 더 값비싼 것이 뭐가 있겠습니까?

마치 영원한 세계로부터 오는 음성을 들려주는 듯한 에로스지만, 정작 그 자신은 영원하지 않다는 것이 실로 현실의 냉혹한 희극입니다. 에로스는 모든 사랑 중에서 가장 단명하기로 악명 높은 사랑입니다. 세상은 온통 그의 변덕스러움을 원망하는 소리로 가득합니다. 당혹스러운 것은, 이러한 변덕을 가진 에로스지만 그는 늘 자신의 영원성을 확언한다는 점입니다. 사랑하는 사람은 늘 상대방에게 일평생 충실하겠다는 결심을 품고 또 그것을 약속합니다. 누가 시킨 것도 아닌데 사랑은 늘 맹세합니다. 그런 맹세는 누구도 막을 수 없습니다. 에로스의 첫마디는 대개 "난 영원히 변치 않을 거야"입니다. 이는 위선이 아니라 진심에서 우러나온 말입니다. 어떤 인생 경험도 이러한 망상을 고쳐 줄 수 없습니다. 우리는 수년 간격으로 계속 사랑에 빠지는 사람들을 봅니다. 그들은 매번 '**이번 만큼**은 진짜'이며, 마침내 방황이 끝났고 참된 사랑을 찾았으며, 이 사랑은 죽을 때까지 변치 않을 것이라고 확신합니다.

어떤 점에서는 에로스가 이런 약속을 하는 게 당연합니다. 사랑에 빠진다는 것은, 그 사건의 본질상 당사자가 그 사랑을 일시적인 감정으로 취급하는 것을 당연히 용납할 수 없습니다. 단한 번의 도약으로 에로스는 자아라는 높디높은 벽을 훌쩍 뛰어넘어 버렸습니다. 그 사랑은 우리의 욕망 자체를 이타적이 되게 했고, 개인적 행복을 중요치 않은 일로 만들어 버렸으며, 다른이의 유익을 나의 주된 관심사가 되게 했습니다. 우리는 굳이 애쓰지 않고서도 자연스럽게 이웃을 자신처럼 사랑하게 되었고, 그로써 (적어도 한 사람을 향해서는) 율법을 성취했습니다. 이렇게 이 사랑은, 사랑 자체이신 분의 사랑이 우리를 완전히 다스릴때 우리가 모든 사람에 대하여 갖게 될 모습에 대한 하나의 이미지이자 예비적 경험이며, 심지어 준비 작업이기도 합니다. 따라서 단순히 거기서 퇴보하는 것, 빠졌던 사랑에서 '빠져 나오는' 것은 (험악한 단어 하나를 만들어서 표현하자면) 일종의 **탈구원** dis-redemption입니다. 에로스가 자신이 이룰 수 없는 일을 약속하는 것은 당연합니다.

자아로부터 해방된 상태가 평생 동안 지속될 수 있을까요? 대개, 일주일을 넘기기 어렵습니다. 우리가 상상할 수 있는 최선의 연인 사이에서도 이렇게 지고한 상태는 다만 간헐적으로 지속될 뿐입니다. 종교적 회심 이후에도 그렇듯이, 죽은 줄 알았던 옛 자아는 이내 다시 나타납니다. 옛 자아는 잠시 바닥에 쓰러져 있었을 뿐입니다. 그는 곧 다시 일어납니다. 발로 일어나지 못하면 팔꿈치로 딛고서라도 일어나며, 고함을 지르지 못한다면 뿌루퉁하거나 칭얼대는 모습으로라도 나타납니다. 그리고 비너스도 다시 단순한 성욕으로 미끄러져 내려가 버립니다.

그러나 이러한 하락이 두 '건전하고 양식 있는' 사람들 사이의 결혼을 파괴하지는 못합니다. 그런 것들 때문에 결혼생활이 위험에 빠지고 어쩌면 파멸에 이를 수도 있는 부부는, 에로스를 우상숭배했던 이들입니다. 그들은 에로스에게 신으로서의 힘과 진실성이 있으리라고 믿었던 것입니다. 그들은 감정만으로 충분하며 그것만이 평생토록 필요한 전부일 것이라고 기대했던 것입니다. 그러나 결국 이러한 기대가 실망으로 변하면 그들은 그 책임을 에로스에게 돌리거나, 더 흔하게는 그들의 배우자에게 돌립니다. 그러나 사실 거창한 약속을 하고 그 약속의 성취가 어떤 것인지를 우리에게 어렴풋이 보여 준 에로스는 이미 '자기 할 일을 다 한' 것입니다. 그는 대부代父 대모代母처럼 우리를 대신하여 서약했을 뿐입니다. 그 서약을 지켜야 하는 사람은 다름 아닌 우리 자신입니다. 그 어렴풋한 계시를 매일의 삶에서 이루도록 노력해야 할 사람은 우리 자신입니다. 우리는 에로스가 없을 때에도 에로스의 일을 해야 합니다.

사실 이는 모든 좋은 연인들이 이미 알고 있는 바입니다. 반성反省이나 표현에 어눌한 이들은 그저 "같이 살다 보면 좋을 때도 있지만 그렇지 않을 때도 있는 법"이랄지, "너무 많은 것을 기대하진 말라"랄지, "약간의 양식만 있어도 다 잘 풀릴 수 있다"와 같은 관습적인 말로 표현하겠지만 말입니다. 그리고 모든 좋은 그리스도인 연인들은, 이러한 일이 듣기에는 쉬워 보여도 실은 겸손과 자비와 신의 은총 없이는 실행될 수 없는 일임을 알고 있습니다. 사실 이는 특정한 각도에서 바라본 그리스도인 삶의 전부라는 사실을 그들은 알고 있습니다.

　다른 사랑이 그렇듯, 에로스도 마침내 진짜 신분이 탄로납니다. 그러나 워낙 힘세고, 달콤하고, 무시무시하고, 위압적인 외양을 가졌는지라 더욱 인상적으로 드러납니다. 실상 그는 혼자 힘만으로는 계속 에로스로 남을 수 없는 존재입니다. 그는 도움을 받을 필요, 즉 다스림을 필요로 하는 존재입니다. 그 신은 하나님께 순종하지 않으면 죽거나 악마가 됩니다. 죽는다면 오히려 다행입니다. 그러나 죽지 않고 계속 살아 있을 수 있습니다. 사랑 안에 있는 미움의 독으로 서로를 괴롭히며 각자 받는 일에만 혈안일 뿐 주기는 한사코 거부하며 서로 질투하고 의심하고 분을 품고 휘어잡으려고 하며 자신은 자유로워지려고 하면서 상대에게는 자유를 허락하지 않으며 끊임없이 '소란'을 일으키는, 그렇게 서로를 고문하는 두 사람을 무자비하게 계속 함께 묶어 두면서 말입니다. 《안나 카레니나Anna Karenina》[53]를 읽을 때, 그런 일이 러시아에서만 일어난다고 생각하지 마십시오. 서로를 '삼킨다'라는, 연인들이 사용하는 옛 과장법은 끔찍할 정도로 진실에 가까운 표현일 수도 있습니다.

53) 19세기 러시아 귀족 계급의 결혼과 불륜을 그린 톨스토이의 장편소설.

6

자 비

우리는 사랑했던 이들에게서 등을 돌려 어떤 낯선 존재에게 가는 게 아닙니다. 하나님의 얼굴을 뵙는 날, 결코 그 얼굴이 낯설지 않을 것입니다. 왜냐하면 그분은 우리가 지상에서 만났던 모든 순수한 사랑의 경험 속에 이미 함께 계셨고, 그 경험을 만들어 내고 뒷받침해 주셨으며 그 속에서 매순간 움직이셨기 때문입니다.

윌리엄 모리스William Morris[54]는 〈사랑으로 충분하다〉라는 시를 쓴 일이 있는데, 누군가가 그 시에 대해 "그렇지 않다"는 말로 간단히 논평한 적이 있다고 합니다. 이 책의 요지가 바로 그러합니다. 자연적 사랑은 결코 스스로 충족될 수 없습니다. 그 감정이 계속 달콤한 감정으로 지속될 수 있으려면 다른 무언가의 도움을 받아야 합니다. 그 다른 무엇이란, 처음에는 '건전한 양식'으로 막연히 묘사되다가 나중에는 선善으로, 마침내는 한 특정한 관계에서 본 그리스도인의 삶 전부로 밝혀진 바 있습니다.

　이는 자연적 사랑을 깎아내리는 말이 아니라 그들의 진짜 영

---

54) 19세기 영국의 시인이자 공예가.

광이 어디 있는지를 가리켜 줄 따름입니다. 어떤 정원이 저 스스로 울타리를 치거나 잡초를 제거하지 못하며 과일 나무의 가지치기도 못하고 잔디밭을 고르거나 깎지 못한다고 말하는 것이, 그 정원을 깎아내리려는 의도는 아닙니다. 정원은 좋은 것이지만, 다만 이런 종류의 좋은 점은 갖고 있지 않을 뿐입니다. 누군가가 정원에 그 일을 해 줄 때 비로소 정원은 황무지와는 확연히 구별되는 하나의 정원으로 유지될 수 있습니다. 정원의 참된 영광은 전혀 다른 종류의 것입니다. 지속적인 잡초 제거와 가지치기가 필요하다는 사실 자체가 그 영광을 증거해 줍니다. 정원은 생명으로 충만합니다. 천국과도 같은 색깔과 냄새를 발하며, 여름날이면 매시간 사람이 도저히 만들어 낼 수 없고 상상도 못했던 온갖 아름다움을 발산합니다.

만일 여러분이 정원의 공헌과 정원사의 공헌을 비교해 보고자한다면, 그 정원이 길러내는 가장 흔한 잡초와 함께 정원사의 괭이 · 갈퀴 · 원예용 가위 · 잡초 제거 도구들을 한번 나란히 놓아 보시기 바랍니다. 여러분은 아름다움과 에너지와 생명력 넘치는 것들 옆에 생명 없고 흉측한 것들이 나란히 놓여진 모습을 볼 것입니다. 마찬가지로 우리의 '예의범절과 건전한 양식'을 사랑의 온화함과 나란히 놓고 비교해 보면 우중충하고 죽어 있는 것처럼 보입니다. 또 정원이 최고로 영광스러운 절정에 도달했을 때 그 영광을 위해 정원사가 기여한 공헌과 자연이 기여한 공헌을 비교해 보면, 이번에도 정원사의 공헌은 어떤 의미에서 하찮게만 보일 것입니다. 대지에서 솟아오르는 생명 없이는, 비 없이는, 하늘에서 내려오는 빛과 열 없이는 정원사는 결코 아무 일도 할 수 없을 것이기 때문입니다. 그는 여러 일을 했지만, 결국 그가 한 일이란 자신이 아닌 다른 원천에서 발하는 힘과 아름다움을 여기서는 북돋아 주고 저기서는 꺾어 준 것이 전부이기 때문입니다. 그러나 그의 공헌이 비록 이렇게 작은 것이긴 하지만, 없어서는 안 되는 일이며 수고가 많이 들어가는 일입니다.

하나님은 어떤 정원을 만드신 다음 그곳에 사람을 다스리는 자로 두셨고 그 사람을 자기 아래 두셨습니다. 이와 마찬가지로 그분은 인간 본성이라는 정원을 만드시고 거기서 사랑이 꽃피고 열매 맺도록 하셨으며 그것을 잘 '손질'하라는 임무를 우리의 의지에 맡기셨습니다. 그 정원의 사랑과 비교할 때, 우리의 의지는 메마르고 차갑게만 보입니다. 그리고 그분의 은총이 비와 햇빛 같이 하늘에서 내려오지 않는 한, 우리가 아무리 도구를 사용해 봤자 소용이 없습니다. 그러나 우리의 의지가 하는 그런 수고—대개는 효과가 없는—는 필요불가결한 일입니다. 만일 그런 일이 낙원 상태의 정원에서도 필요했다면, 하물며 토양이 나빠져서 상태가 가장 좋은 곳에서조차 잡초가 무성하게 자라는 지금 같은 때에는 얼마나 더 필요하겠습니까? 그러나 그런 일을 도덕군자나 스토아 학파와 같은 태도로 임하는 것은 하늘이 금지하시는 바입니다. 우리가 뽑아내고 잘라내는 일을 할 때에도,

지금 뽑고 자르고 있는 것은 우리의 이성적 의지로는 결코 만들어 내지 못할 그런 광채와 생명력을 품고 있다는 사실을 알면서 그렇게 합니다. 그러한 광채를 풀어 놓아 주는 것, 그것이 도달하고자 애쓰고 있는 그 상태에 온전히 이를 수 있도록 해 주는 것, 왜소한 잡목더미가 아니라 키 큰 나무를, 돌능금이 아니라 달콤한 사과를 맺도록 하는 것, 이런 것이 우리 목적의 일부입니다.

그러나 다만 일부일 뿐입니다. 왜냐하면 이제부터는 오랫동안 미루어 온 주제를 본격적으로 다룰 시기가 되었기 때문입니다. 지금까지는 우리의 자연적 사랑을, 하나님의 사랑에 대한 라이벌로 언급한 적은 거의 없습니다. 그러나 이제 이 문제를 더 이상 회피할 수 없는 지점에 왔습니다. 지금까지 제가 이 논의를 미루어 온 두 가지 이유가 있습니다.

하나는—이미 암시된 적이 있지만—우리들 대부분의 경우 이 질문은 적절한 시작점이 못 되기 때문입니다. 그것은 처음부터 '우리 상황과 맞지' 않습니다. 우리 대부분에게 진짜 라이벌 관계는, 자기 자신과 다른 인간 사이에 있지 다른 인간과 하나님 사이에 있지 않기 때문입니다. 지상적인 사랑의 수준에도 못 미치는 사람에게 지상의 사랑을 넘어서라는 의무를 지우는 것은 위험한 일입니다. 또한 같은 피조물을 덜 사랑하는 이유를, 하나님을 더 사랑하기 때문이라고 상상하기란 정말 대단히 쉽습니다. 진짜 이유는 전혀 다른 데 있는데도 말입니다. 우리는 '자연의 쇠퇴를 은총의 증가로 착각'하기 쉽습니다. 많은 사람들의 경우 자기 아내나 어머니를 미워하는 것이 그다지 어렵지 않습니다. 모리악François Mauriac의 소설을 보면, [부모와 아내를 미워하라는 주님의] 이 이상한 명령에 다른 제자들은 모두 너무 놀라 어쩔 줄 몰라 하는 반면, 오직 유다만 너무 태연하게 그것을 받아들이는 장면이 나옵니다.

그러나 이러한 라이벌 관계를 이 책에서 더 일찍 강조하는 것이 시기상조였을 또 다른 이유가 있습니다. 자연적 사랑이 툭하면 내세우는 신성 주장은 구태여 그런 라이벌 관계까지 따지지 않더라도 얼마든지 쉽게 논박될 수 있기 때문입니다. 그 사랑은 하나님의 도움 없이는 스스로를 유지할 수도 없고 자신들의 약속을 지킬 수도 없다는 사실을 통해, 이미 하나님을 대신할 만한 것이 못 된다는 사실이 증명되기 때문입니다. 황제의 지원 없이는 자신의 종속적인 지배권도 유지할 수 없고 자신의 작은 영지의 평화도 반년을 지킬 수 없는 어린 왕자에 대해, 그가 합법적 황제가 아니라는 사실을 구태여 증명할 필요가 무엇이겠습니까?

자연적 사랑은 자신이 원하는 상태로 유지되고자 한다면, 자신을 위해서라도 제2인자로서의 위치를 받아들여야 합니다. 이 멍에에 참 자유가 있기 때문입니다. 그들은 '엎드릴 때 더 커집니다.' 왜냐하면 하나님이 인간의 마음을 다스리실 때 가끔은 거기 있던 토착 세력을 완전히 제거하실 때도 있지만, 많은 경우 계속 그 자리에 그대로 놔두시며, 그들의 권위를 하나님 자신의 권위에 종속시킴으로써 비로소 그들의 권위가 확고한 기초를 가질 수 있게 해 주실 때가 많기 때문입니다. 에머슨은 "어중간한 신들half-gods이 사라질 때 진짜 신들gods이 온다"고 말한 적이 있습니다만, 이는 대단히 미심쩍은 격언입니다. 그보다는 "하나님이 오실 때 (비로소) 어중간한 신들은 존속할 수 있다"고 말하는 편이 낫습니다. 그 어중간한 신들은 저 혼자서는 사멸하거나 악마가 될 뿐입니다. 오직 그분의 이름으로만 그들은 아름다움과 안정성을 갖고 '그들의 작은 삼지창을 휘두를' 수 있습니다. '사랑이 전부'라는 반항적 슬로건은, 사실상 사랑에 대한 (처형 날짜만 잠시 비워 둔) 사형집행 영장과 같습니다.

이런 이유들로 해서 오랫동안 미루어 왔습니다만, 이제는 라이벌 문제를 다룰 시점이 되었습니다. 19세기를 제외하고는 과거 모든 시대에서 사랑에 관한 책이라면 이 문제는 늘 크게 다뤘던 주제입니다. 빅토리아 시대 사람들은 사랑이 충분하지 않다는 일깨움을 받을 필요가 있었다면, 그 이전 시대의 신학자들은 늘 (자연적) 사랑이 너무 커질 위험이 있다고 목소리를 높이곤 했습니다. 그들은 동료 피조물을 덜 사랑하게 되는 위험보다는, 반대로 그들을 우상숭배적으로 사랑하게 될 위험을 더 중요하게 생각했습니다. 그들은 아내, 어머니, 자녀, 친구를 하나님과 라이벌이 될 수 있는 존재로 보았습니다. 물론 우리 주님도 그러셨습니다(누가복음 14장 26절).

우리가 동료 피조물을 무질서하게 사랑하지 않도록 막아 주는 한 가지 방법, 저로서는 도저히 받아들일 수 없는 방법이 하나 있습니다. 이 말을 하는 지금 제 심장이 떨리고 있는데, 그 방법은 제가 헤아릴 수 없는 빚을 지고 있는 위대한 성자요 사상가인 분이 자신의 책에 제시하고 있는 방법이기 때문입니다.

여전히 심금을 울리는 표현 중에, 성 아우구스티누스가 친구인 네브리디우스Nebridius의 죽음이 안겨 준 슬픔에 대해 묘사한 부분이 있습니다《고백록》IV, 10). 그리고 나서 그는 교훈을 하나 이끌어 냅니다. 이런 슬픔은 하나님이 아닌 다른 무엇에 자기 마음을 줘 버린 결과라는 것입니다. 인간은 모두 죽게 마련입니다. 따라서 결국은 잃게 될 무언가에 우리의 행복이 좌지우지되게 해서는 안 된다는 것입니다. 사랑이 불행이 아니라 축복이 되게 하려면, 우리는 결코 죽지 않는 유일한 연인이신 하나님께만 우리의 사랑을 드려야 한다는 것입니다.

물론 대단히 일리 있는 말입니다. "새는 그릇에 음식을 담지 말라." "언젠가 떠나야 할 집이라면 거기에 너무 많은 돈을 쓰지 말라." 이렇게 신중한 격언들에 본성적으로 저보다 더 끌리는 사람은 아마 없을 것입니다. 저는 그야말로 안전제일주의자입니다. 사랑을 반대하는 모든 주장 중에서 제 본성에 가장 크게 호소하는 것이 있다면, 그것은 "조심하라! 그것이 너를 고통에 빠뜨릴지도 모른다"는 말입니다.

제 본성과 기질에는 호소합니다. 그러나 제 양심에는 그렇지 않습니다. 그러한 호소에 응할 때면, 저는 저 자신이 그리스도와 수천 마일 떨어진 느낌이 듭니다. 제가 확신하는 한 가지는, 그분의 가르침이 안전한 투자와 유한책임을 좋아하는 저의 선천적 선호도를 결코 인정해 주지 않는다는 것입니다. 제 모습 중에서 그분을 이보다 덜 기쁘시게 해 드리는 점이 또 있을까 싶습니다. 그리고 대체 그러한 이해타산적 동기—더 안전하다는 이유로—에서 하나님을 사랑하기 시작하는 사람이 어디 있겠습니까? 그런 것을 사랑의 동기 중 하나로 끼워넣을 사람이 어디 있겠습니까? 여러분은 이런 동기로 아내나 친구—혹은 강아지—를 고르십니까? 그런 계산을 하는 사람은 분명 이미 모든 사랑의 세계 바깥에 있는 사람임에 틀림없습니다. 그보다는 에로스, 행복보다는 연인을 택하는 무법적 에로스가 사랑 자체이신 분의 사랑에 더 가까울 것입니다.

저는 《고백록》의 그 구절은 아우구스티누스의 기독교 신앙의 일부라기보다는 그가 자랄 때 익혔던 고상한 이교 철학의 잔존물이라고 생각합니다. 그것은 기독교적 자비보다는 스토아 학파적인 '냉담apathy'이나 신플라톤주의적 신비주의에 더 가깝습니다. 그러나 우리가 따르는 주님은 예루살렘을 바라보시며 또 나사로의 무덤 앞에서 우셨던 분이며, 모든 제자들을 다 사랑하셨지만 또한 특별한 의미에서 한 제자를 특히 '사랑하셨던' 분이십니다. 우리에게는 아우구스티누스보다는 사도 바울이 더 높은 권위를 갖습니다. 사도 바울의 글에서, 만일 에바브로디도가 죽었다면 그가 슬퍼하지 않았으리라는 암시나, 슬퍼하지 않는 게 마땅하다고 생각했다는 내용 등을 전혀 엿볼 수 없습니다(빌립보서 2장 27절).

마음이 부서지는 일이 없도록 하는 것이 우리의 최고 지혜라고 한다면, 일단 그렇다고 가정한다면, 하나님은 우리에게 그런 지혜를 제공해 주시는 분일까요? 그렇지 않음이 분명합니다. 그리스도께서도 결국 "어찌하여 나를 버리셨나이까?"라고 외치시는 자리까지 가셨습니다.

아우구스티누스가 제시하는 길로 도피하기란 불가능합니다. 도피할 다른 길이 존재하지도 않습니다. 안전한 투자란 없습니다. 사랑한다는 것은 상처받을 수 있는 위험에 자신을 노출시키는 행위입니다. 무엇이든 사랑해 보십시오. 여러분의 마음은 분명 아픔을 느낄 것이며, 어쩌면 부서져 버릴 수도 있습니다. 마음을 아무 손상 없이 고스란히 간직하고 싶다면, 누구에게도—심지어 동물에게도—마음을 주어서는 안 됩니다. 그것을 취미와 작은 사치로 조심스럽게 감싸 두십시오. 또 모든 얽히는 관계를 피하십시오. 마음을 당신의 이기심이라는 작은 상자 안에만 넣어 안전하게 잠가 두십시오. 그러나 (안전하고 어두우며, 움직임도 공기도 없는) 그 작은 상자 안에서도 그것은 변하고 말 것입니다. 부서지지는 않을 것입니다. 깨뜨릴 수 없고 뚫고 들어갈 수도 없을 것입니다. 그러나 구원받을 수 없는 상태가 되고 말 것입니다. 비극—혹은 비극을 무릅쓰는 일—을 피할 유일한 길은 영혼의 멸망입니다. 천국을 제외하고, 여러분이 사랑의 모든 위험과 동요로부터 완벽하게 안전할 수 있는 유일한 장소는 지옥뿐입니다.

아무리 무법적이고 아무리 무질서한 사랑이라도, 스스로 선택한 자기 방어 차원에서 사랑하지 않음으로 하나님의 뜻을 거스르는 것보다는 훨씬 낫다고 봅니다. 그런 사랑 없음은 마치 "저는 당신을 엄한 사람이라고 생각했습니다"라는 이유로 자신이 받은 달란트를 수건에 싸서 숨겨 놓는 행위와 같습니다.[55] 그리스도께서는 우리 자신의 행복과 심지어 자연적 사랑에조차 더 신중해지라고 가르치시고 고통 받으신 것이 아닙니다. 만일 사람이 눈에 보이는 지상의 연인을 향해서도 계산적이라면, 보이지 않는 하나님을 향해서는 틀림없이 더 계산적일 것입니다. 우리는 모든 사랑에 내재해 있는 고통을 피하려고 애씀으로써가 아니라, 그것을 받아들이고 그분께 바침으로써 하나님께 더 가까이 다가가게 됩니다. 자신의 모든 방어 무기를 다 내어 던짐으로써 말입니다. 만일 우리 마음이 부서질 필요가 있다면, 만일 그것이 그분이 선택하신 방법이라면, 우리는 기꺼이 그 길을 감수해야 합니다.

분명 모든 자연적 사랑은 무질서한 것이 될 수 있습니다. 여기서 **무질서하다**inordinate는 말은 '덜 신중하다'거나 '너무

---

55) 마태복음 25장 14-30절 참조.

크다'는 말이 아닙니다. 이는 양에 관한 용어가 아닙니다. 어떤 사람을 단순히 '너무 많이' 사랑하는 것은 불가능한 일입니다. 하나님을 향한 사랑에 **비해서** 그를 너무 많이 사랑할 수는 있습니다. 그러나 그것이 무질서한 사랑인 것은, 하나님을 향한 우리의 사랑이 작아서이지 그를 향한 우리의 사랑이 크다는 의미는 아닙니다. 그러나 이 역시 부연 설명이 필요합니다. 왜냐하면 사실 대단히 바른 길을 가고 있으면서도, 지상의 연인을 향해 느끼는 그런 뜨거운 감정을 하나님에 대해 느끼지 못한다는 이유로 공연히 염려하는 이들이 있기 때문입니다. 그런 감정은 우리 모두가 언제나 갖기를 바라마지 않는 것입니다. 우리는 이러한 은사가 우리에게 주어지기를 기도해야 합니다. 그러나 하나님과 지상의 연인 중 누구를 '더' 사랑하는가 하는 질문은, 우리의 기독교적 의무에 관한 한 두 감정 사이의 강도를 비교하는 질문은 아닙니다. 진짜 질문은 (선택의 상황이 올 때) 우리가 어느 쪽을 섬기고 선택하고 우선시할 것인가에 있습니다. 최종적으로 어느 쪽 요구에 우리의 의지를 굴복시킬 것인가 하는 문제입니다.

흔히 그렇듯이, 이번에도 주님의 말씀이 신학자들의 말보다 훨씬 더 격하면서 동시에 훨씬 더 받아들이기 쉽습니다. 그분은 상처 입을지 모르니 지상의 사랑을 경계하라는 식의 말씀은 전혀 하지 않으십니다. 그러나 그 사랑이 우리가 그분을 따르는 것을 막는 순간에는 가차 없이 모두 밟아 뭉개라는, 가혹한 채

찍과도 같은 말씀을 하십니다. "무릇 내게 오는 자가 자기 부모나 처자와 형제와 자매와 및 자기 목숨까지 미워하지 아니하면 능히 내 제자가 되지 못하고"(누가복음 14장 26절).

위 구절에서 **미워하다**hate라는 말을 어떻게 이해해야 할까요? 사랑 자체이신 분께서 일반적 의미의 미움—분을 품고, 상대의 불행을 기뻐하고 그를 해롭게 하기를 즐기는 것—을 명령하신다는 것은 어불성설입니다. 저는 주님이 베드로에게 "내 뒤로 물러가라"[56]고 말씀하셨을 때, 위의 의미로 그를 '미워'하신 것이라고 생각합니다. 즉 미워한다는 것은, 연인이 악마의 제안을 해 올 때는 그 아무리 달콤하고 애처롭다 해도 거절하고 물리치고 불용不容하는 것을 의미합니다. 예수님은, 두 주인을 섬기려 하는 자는 둘 중 하나는 '미워'하고 다른 하나는 '사랑'할 수밖에 없다고 말씀하셨습니다.[57] 단순히 싫어하거나 좋아하는 감정 차원의 문제가 아닙니다. 하나에 대해서는 고수하고 동의하고 봉사해야 하며, 다른 하나에 대해서는 그렇게 하지 말아야 한다는 의미입니다. 또 "내가 야곱을 사랑하였고 에서는 **미워하였으며**"(말라기 1장 2-3절)라는 말씀에 대해서도 생각해 보십시오. 하나님이 에서를 '미워하셨다'는 것이 실제 이야기 속에서 어떻게 나타났습니까? 우리가 예상하는 방식과는 상당히 달랐

---

56) 마태복음 16장 23절.
57) 누가복음 16장 13절 참조.

습니다. 에서가 끝이 좋지 않았고 구원받지 못했을 것이라고 가정할 근거는 전혀 없습니다. 구약성경은, 다른 곳에서처럼 여기서도 그러한 문제에 대해서는 아무런 언급을 하지 않습니다. 그리고 우리가 들은 이야기를 통해 보면, 지상에서 에서의 삶은 일반적 의미에서 볼 때 야곱보다 훨씬 더 복된 삶이었습니다. 실망, 굴욕, 공포, 사별 등을 겪은 이는 야곱이었습니다. 그러나 그에게는 에서가 갖지 못한 무엇이 있었습니다. 그는 유대 민족의 위대한 조상 중의 한 사람이 되었습니다. 그는 히브리 전통과 그 소명과 축복을 전달하는 사람이 되었으며 우리 주님의 조상이 되었습니다. 야곱을 '사랑했다'는 것은 어떤 높고 (고통스러운) 소명을 위해 야곱을 받아들였다는 의미입니다. 에서를 '미워했다'는 것은 그런 일에서 그를 거절했다는 의미입니다. 그는 '거부'당했고, 시험에 '떨어졌고', 그런 목적에 쓸모없는 사람으로 판정 받았습니다. 이처럼, 아무리 가깝고 친밀한 사람이라도 우리가 하나님께 순종하는 일을 방해할 때에는 가차 없이 그들을 거부하고 부적격 판정을 내려야 합니다. 분명 그것은 미움처럼 비춰질 것입니다. 그러나 동정심에 좌우되어서는 안 됩니다. 그들의 눈물에 눈을 감아야 하고, 그들의 탄원에 귀를 닫아야 합니다.

이러한 의무가 어렵다는 말은 하지 않겠습니다. 어떤 이들에게는 너무 쉬운 일이기 때문입니다. 물론 어떤 이들에게는 거의 참을 수 없을 만치 어려운 일이기도 합니다. 모두에게 어려운 점은 그렇게 '미워해야' 하는 경우가 언제인지를 아는 것입니다. 우리의 기질은 우리를 속입니다. 온유하고 온화한 사람—공처가, 순종적인 아내, 자식을 지나치게 사랑하는 부모, 말 잘 듣는 자녀—은 그 시점이 왔다는 사실을 쉽사리 믿지 않습니다. 반면 다소 사납고 자기 주장이 강한 사람은 너무 빨리 믿습니다. 이것이 바로 평소 우리의 사랑에 질서를 잘 부여하여, 그런 때가 아예 오지 않도록 하는 것이 그토록 중요한 이유입니다.

그렇게 하는 한 실례—훨씬 낮은 차원의 예지만—를, 전쟁에 나가는 어떤 기사 시인이 애인에게 전하는 다음의 말을 통해 엿볼 수 있습니다.

내 사랑, 난 당신을 그토록 사랑할 수 없었을 것이오
내가 명예를 더 사랑하지 아니하였다면.

이런 해명을 이해하지 못하는 여성들이 있습니다. **명예**란 단지 남자들이 떠드는 어리석은 말일 뿐이며, 그 시인의 말은 그저 자기가 지금 저지르려는 '사랑의 법' 위반에 대한 변명이며, 그렇기에 더 나쁜 짓일 뿐이라고 여깁니다. 그러나 러블레이스[58]가 명예란 말을 대담하게 할 수 있었던 것은 그의 연인도 그와 마찬가지로 이미 명예의 요구를 인정하고 있는, 기사도 정신을

---

58) Richard Lovelace(1618-1657). 영국의 시인, 군인.

가진 숙녀였기 때문입니다. 그는 그녀를 '미워하고' 그녀에게 등을 돌릴 필요가 없습니다. 왜냐하면 그와 그녀 둘 모두 동일한 법을 인정하고 있기 때문입니다. 그들은 오래 전부터 이미 이런 문제에 대해 서로 이해하고 동의하고 있었습니다. 그렇기에 명예에 대한 믿음을 갖도록 그녀를 설득하는 일은—결정이 임박한 지금—할 필요가 없었던 것입니다. 명예의 요구보다 훨씬 더 중대한 요구가 걸려 있을 때에도 반드시 필요한 것은 바로 이러한 사전 합의입니다. 중대국면이 닥친 뒤에야 비로소 아내나 남편이나 어머니나 친구에게, 지금까지의 사랑에는 비밀 단서— '하나님 아래서' 혹은 '하나님의 사랑이 허락하는 한'— 가 전제되어 있었다고 말하는 것은 너무 늦습니다. 이를 미리 경고해 주었어야 마땅합니다. 물론 노골적인 말이 아니라 평소 수많은 대화를 통해 넌지시, 수많은 사소한 결정에서 드러나는 원칙을 통해 말입니다.

사실 이러한 문제에 대해 서로 의견이 맞지 않는 사람들 사이에는 애초부터 결혼관계나 우정관계가 존재하지 말았어야 합니다. 어떤 종류든 최선의 사랑은 맹목적이지 않습니다. 올리버 엘튼Oliver Elton[59]은 칼라일Thomas Carlyle과 밀John Stuart Mill에 대해 말하기를, 그들은 정의에 대한 생각이 서로 어찌나 달랐는지 둘 사이에 '우정다운 우정'이 생기지 못한 것

---

59) 1861-1945. 영국의 문학사가.

은 당연하다고 평한 바 있습니다. 만일 연인이 정말이지 '사랑
이 전부'라는 태도로 나온다면, 그런 사랑은 분명 소유할 가치
가 없는 사랑입니다. 그것은 사랑 자체이신 분과 바른 관계에
있지 못한 사랑입니다.

이는 저를 이 책에서 등반을 시도하는 마지막 가파른 오르막
길로 인도합니다. 이제 '사랑'이라는 인간 활동과 사랑 자체이
신 하나님 사랑의 관계를, 지금까지보다 좀더 정확하게 밝혀 보
고자 합니다. 물론 이 또한 다만 모델이나 상징으로서의 정확성
을 의미하므로, 결국 불완전할 수밖에 없고 따라서 어떤 모델을
사용하든 그것을 교정해 줄 다른 모델이 필요합니다. 우리 중
가장 겸손한 이들은, 은총의 상태에 있을 때 사랑 자체이신 분
의 사랑에 대해 '안면을 통한 지식connaître', '맛보아 아는'
지식을 가질 수는 있습니다. 그러나 아무리 거룩하고 지적인 사
람이라 해도 궁극적 존재에 대해 직접적인 '대상으로 아는 지
식'을 가질 수는 없습니다. 다만 유사한 지식analogies을 가질
뿐입니다. 빛을 직접 볼 수는 없고 다만 빛을 통해 사물을 볼
수 있는 것과 같은 이치입니다. 하나님에 대한 우리의 모든 진
술은, 하나님의 계시 속에서 다른 것에 대해 깨닫게 된 지식과
그 지식에서 이끌어 낸 추정extrapolations일 뿐입니다.

애써 이렇게 지식의 한계를 미리 밝혀 두는 것은, 계속 이어
질 글에서 가능한 한 분명하게(너무 지루하지 않게 간단히) 말하려
는 저의 의도를 잘못 받아들여 제가 제 생각에 확신을 갖고 있

다고 오해할 분이 혹 있지 않을까 해서입니다. 만일 제게 그런 확신이 있다면 아마 저는 제정신이 아닌 사람일 것입니다. 이제 부터 하는 말은 그저 한 사람이 갖고 있는 백일몽 정도로 여겨 주십시오. 한 사람이 생각해 낸 신화 정도로 여기셔도 좋습니다. 혹시 도움되는 것이 하나라도 있다면 사용하시기 바랍니다. 그러나 그렇지 못하다면 두 번 다시 거들떠보지도 마시기 바랍니다.

하나님은 사랑이십니다. 다시 말하면, "사랑은 여기 있으니 우리가 하나님을 사랑한 것이 아니요 하나님이 우리를 사랑하" (요한일서 4장 10절)셨습니다. 우리는 신비주의나 하나님을 향한 피조물의 사랑, 지상의 몇몇 사람들에게 허락된 지복至福에 대한 놀라운 예비 체험에서 시작해서는 안 됩니다. 참된 시작점, 즉 신적 에너지로서의 사랑에서 시작해야 합니다. 이 근본적 사랑은 선물의 사랑입니다. 하나님 안에는 채움을 필요로 하는 어떤 욕망이 없으며 다만 주고자 하는 풍부함이 있을 뿐입니다. 하나님에게 세상을 창조할 필요성이 있었던 것은 아니라는 교리가 단순히 학자들의 메마른 사변은 아닙니다. 이는 필수적인 교리입니다. 그 교리가 없다면 하나님에 대해 제가 말한 바 '관리자로서의 하나님'이라는 개념을 피할 수 없었을 것입니다. 우주를 '운영'하는 일이 자신의 기능과 본질인 존재, 교장 선생님이나 호텔 지배인 같은 존재 말입니다. 그러나 우주에 주권을 행사하는 것은 하나님께 그리 큰 문제가 아닙니다. '삼위일체의 나라the land of the Trinity'에 거하시는 그분은 훨씬 더 큰 영역의 주권자이십니다. 하나님이 손에 작은 호두 같은 것을 들고 다니셨는데 그것은 다름 아닌 '창조된 모든 것'이었다는, 줄리안[60]의 통찰을 늘 기억해야 합니다.

필요한 것이 전혀 없으신 하나님은 자신에게 불필요한 피조물을 순전히 사랑으로써 존재케 하십니다. 피조물을 사랑하고 완성하시기 위해서 말입니다. 그분은 십자가 주변을 윙윙거리며 날아다니는 파리 떼, 거친 말뚝에 짓이겨지고 살점 벗겨진 등, 근심近心 신경을 관통하는 못들, 몸이 아래로 처질 때마다 반복되는 질식의 고통, 숨쉬기 위해 몸을 일으킬 때마다 생겨나는 등과 팔의 격통 등을 이미 예견—아니, 하나님은 시제를 초월하시니 '지금 그것을 보시면서'라고 해야 할 것 같군요—하시면서 우주를 창조하십니다. 감히 생물학적인 이미지를 써서 표현하자면, 하나님은 일부러 기생물들을 창조하셔서는, 기생물인 우리가 하나님 자신을 '이용해 먹을 수 있게' 하시는 '숙주'이십니다. 여기에 사랑이 있습니다. 이는 모든 사랑의 발명자이시자 사랑 자체이신 분의 사랑이 어떤 것인지를 보여 주는 그림입니다.

자연의 창조자로서, 하나님은 우리 안에 선물의 사랑과 필요의 사랑을 심어 주십니다. 선물의 사랑은 그분에 대한 자연적 이미지입니다. 유사하다는 의미에서 그분에게 가까운 사랑이지

---

60) Julian of Norwich(c. 1342–c. 1413). 영국의 신비가.

만, 그런 사랑이 내재되어 있다고 해서 반드시 그분에게 가까이 접근하는 것은 아닙니다. 헌신적인 어머니나 자애로운 통치자나 교사는 주고 또 주는 사랑을 통해 끊임없이 하나님에 대한 유사성은 보여 줄 수 있지만, 그렇다고 그들이 반드시 하나님께 가까이 접근한 것은 아닙니다. 제가 아는 한, 필요의 사랑은 하나님의 사랑과 전혀 닮은 면이 없습니다. 그것은 그분의 사랑에 대한 상관물 내지 반대물이라고 할 수 있습니다. 물론 악이 선의 반대이듯 반대라는 의미가 아니라, 젤리의 모양이 그것을 만드는 형틀의 모양과 반대이듯 반대라는 의미입니다.

그러나 이러한 자연적 사랑 말고 하나님은 훨씬 나은 또 하나의 선물을 우리에게 주실 수 있습니다. 아니, 뭐든지 분류해서 받아들일 수밖에 없는 인간 지성으로 볼 때, 그 선물은 두 가지라고 할 수 있습니다.

하나님은 자신의 선물의 사랑에 사람들이 동참할 수 있게 해 주십니다. 이 사랑은 하나님께서 인간 본성에 새겨 넣으신 선물의 사랑과는 차원이 다릅니다. 사실 인간적 선물의 사랑은 오로지 대상 자체의 유익만을 구하지는 않습니다. 아무래도 그 사랑은 자신이 베풀 수 있고, 자신도 좋아하며, 그 사랑의 대상에 대해 바라고 기대하는 삶에 일치하는 그런 유익을 구합니다. 그러나 하나님의 선물의 사랑—우리 안에서 일하시는 사랑 자체이신 분의 사랑—은 어떠한 사심도 없이, 오로지 대상 자체를 위해 가장 좋은 것만을 바랍니다. 더욱이 인간적 선물의 사랑은,

사랑하는 자가 보기에 내재적인 사랑스러움을 가진—애정이나 에로스나 동일한 관심사로 인해 끌리는—대상을 향한 것이거나, 하다못해 고마움을 표할 줄 아는 이 또는 도와주고 싶은 마음을 불러일으키는 이들을 향한 것입니다. 그러나 우리 안에 있는 하나님의 선물의 사랑은 본질적으로 전혀 사랑스럽지 못한 것도 사랑하도록 만듭니다. 나병 환자, 범죄자, 원수, 저능아, 늘 토라져 있는 사람, 자기보다 우월한 사람, 자기를 조롱하는 이를 사랑할 수 있게 해 줍니다. 또 참으로 역설적이지만, 하나님은 자신을 향해 우리가 선물의 사랑을 할 수 있도록 해 주십니다.

물론 어떤 의미에서 인간이 하나님께 드리는 모든 것은 이미 하나님의 소유입니다. 이렇게 본다면 우리는 하나님께 어떤 것을 드린다고 말할 수 없습니다. 그러나 하나님께 우리의 의지나 마음을 드리지 않을 수 있음이 너무도 명백한 만큼, 그런 의미에서 그분께 드릴 수 있다고 말할 수 있습니다. (노래가 노래하는 이의 것이듯) 본래 하나님의 소유이며 하나님 소유가 아닌 순간부터는 존재할 수도 없는 것을, 그분은 우리 것으로 만들어 주셔서 그것을 그분께 자유롭게 되돌려드릴 수 있게 해 주십니다. "당신 것을 당신께 드릴 수 있는 의지는 우리 것입니다."

그리고 모든 그리스도인이 알고 있듯이 우리가 하나님께 사랑을 드릴 수 있는 또 다른 길이 있습니다. 우리가 먹을 것과 입을 것을 나누어 주는 모든 낯선 이들은 그리스도이기 때문입니다. 이는 우리가 알고 하든 모르고 하든 분명 하나님께 드리는 선물의 사랑입니다. 사랑 자체이신 분의 사랑은 그분을 전혀 모르는 이들 안에서도 일하실 수 있습니다. 그 비유[61]에 나오는 '양'은 그들이 찾아가 돌본 죄수들 안에 하나님이 숨어 계시는 것도, 또 그 방문 때 그들 자신 안에 하나님이 함께 계셨던 것도 전혀 몰랐습니다. (저는 그 비유를 이방인에 대한 심판의 말씀으로 생각합니다. 왜냐하면 헬라어로 읽어 보면 그 비유 말씀은, 주님이 모든 '나라들' 아마도 이방 민족들(**고임** *Goyim*)을 그분 앞에 불러 모으실 것이라는 말씀으로 시작하기 때문입니다.)

이러한 선물의 사랑은 은혜로부터 오는 것이며, 자비라고 불러 마땅하다는 데 모두가 동의할 것입니다. 그러나 이제 저는 덜 인식되고 있는 다른 한 가지에 대해 덧붙이고자 합니다. 저는 하나님이 우리에게 두 가지 초자연적인 선물을 더 베풀어 주신다고 생각합니다. 하나님에 대한 초자연적인 필요의 사랑과 이웃에 대한 초자연적인 필요의 사랑이 바로 그것입니다. 제가 말하는 하나님에 대한 초자연적 필요의 사랑이 하나님에 대한 감상의 사랑, 즉 찬양의 은사를 뜻하는 것은 아닙니다. 그러한 좀더 높은─사실 최고로 높은─사랑에 대해서는 조금 후에 말하겠습니다. 하나님에 대한 초자연적 필요의 사랑이란, 사심 없는 사랑이기를 꿈조차 꾸지 않는 사랑, 무한한 빈곤을 호소하는

---

61) 마태복음 25장 31-46절 참조. 목자가 양과 염소를 분별하듯 인자가 모든 민족을 분별하여 심판한다는 내용.

사랑을 의미합니다. 마치 강물이 자신의 수로를 만들어 내듯이, 마치 마법의 포도주가 쏟아지는 동시에 자신을 담을 잔을 만들어 내듯이, 하나님은 자신에 대해 우리가 갖고 있는 필요를 자신에 대한 필요의 사랑으로 바꾸어 놓으십니다. 더 이상한 것은, 그분은 우리 안에 동료 인간으로부터 오는 자비에 대한 자연적인 수용 이상의 것을 만들어 내신다는 사실입니다. 필요는 욕망과 너무 비슷하며 우리에게는 이미 너무 많은 욕망이 있기에, 이는 참 이상한 은총으로 보입니다. 그러나 저는 하나님이 실제 이런 일을 하신다는 점을 인정하지 않을 수 없습니다.

먼저, 은혜로 주어지는 하나님에 대한 초자연적인 필요의 사랑에 대해 생각해 봅시다. 물론 은혜가 필요 자체를 만들어 낸 것은 아닙니다. 그러한 필요는 이미 있는 것이며, 우리가 피조물이라는 사실 자체에 (수학자의 용어를 빌리자면) '주어진' 것으로, 우리의 타락과 함께 헤아릴 수 없이 증가된 것입니다. 은혜가 주는 것은, 이러한 필요에 대한 온전한 인식과 민감한 지각과 완전한 수용─조건부적 표현이긴 하지만 심지어 즐거움 넘치는 수용─입니다. 왜냐하면 은혜 없이는 우리의 바람과 필요는 서로 상충하기 때문입니다.

자신의 무가치함을 고백하는 그리스도인들의 모든 관습적인 표현이, 외부에서 볼 때는 마치 간신배가 전제군주 앞에서 하는 비굴하고 거짓된 아첨이거나, 어떤 중국인 신사가 스스로를 "천하고 무식한 소인"이라고 부를 때의 자기비하적인 어투처럼 보일 것입니다. 그러나 사실 그런 표현은, 자연이 늘—심지어 기도 중에도—갖게 만드는, 우리 자신 및 하나님과 우리의 관계에 대한 잘못된 관념을 버리려고 거듭되는—늘 거듭되어야 하는—시도입니다.

하나님이 우리를 사랑하신다는 것을 믿는 순간, 우리 안에는 그분이 사랑이시기 때문이 아니라 우리가 본질적으로 사랑스러운 존재이기 때문에 사랑하신다고 믿고 싶은 충동이 생겨납니다. 이교도들은 아무런 갈등 없이 그런 충동에 굴복했습니다. 그들은 선한 사람은 선하기 때문에 '신들에게 사랑받는다'고 생각합니다. 그러나 더 개화된 그리스도인들은 교묘한 속임수를 씁니다. 우리에게 하나님이 사랑하실 만한 덕이 있다고는 감히 생각지 않습니다. 그렇지만 속으로는 '이 얼마나 훌륭한 회개인가!' 하고 생각합니다. "그때 나는 영국에서 나보다 더 하나님을 기쁘시게 하는 사람은 없다고 생각했다"는 버니언의 허황된 첫 회심 때처럼 말입니다. 이런 생각을 없애고 나면 이번에는 또 우리의 겸손이 하나님이 칭찬하실 대상이라고 생각합니다. '분명 하나님은 나의 **이런** 겸손을 좋아하실 거야!' 하고 말입니다. 그게 아니라면, 우리에게 여전히 겸손이 부족하다는 사실을 우리가 이렇게 명민하고도 겸손하게 인식하고 있다는 사실에 대해서 그런 생각을 갖게 됩니다. 이렇게 마음속 더 깊고 더 미묘한 곳에서 우리 자신을 사랑스런 존재로 여기는 생각을 못내 버리지 못합니다. 우리에게 있는—혹시 있다면—밝음은 순전히 우리에게 빛을 비추는 태양에서 나오는 것이며 우리는 다만 거울에 불과하다는 사실을, 머리로는 인정하기 쉽지만 오랫동안 정말로 삶에서 인정하기란 거의 불가능합니다. 우리에게도 분명 본래부터 우리 것인 작은 빛—아무리 작더라도—이 있을 거야, 우리가 **전적으로** 피조물에 불과한 존재는 아닐 거야 하는 식의 생각을 합니다.

하나님의 은혜는, 자신의 궁핍을 결코 완전히는 인정하지 못하는 이러한 혼란스럽고 몽매한 필요(심지어 필요의 사랑)를 완전히 어린아이 같이 즐겁게 받아들이는 자세, 자신이 전적으로 의존적인 존재임을 기뻐하는 자세로 바꾸어 놓습니다. 이를테면 우리는 '유쾌한 거지들'이 되는 것입니다. 선한 사람은 자신의 필요를 증가시켜 놓은 그 죄에 대해서는 유감스러워 하지만, 그 죄가 가져 온 새로운 필요에 대해서는 유감스럽게만 느끼지는 않습니다. 그리고 그는 자신이 피조물이라는 사실에 내재해 있는 그 순수한 필요에 대해서는 전혀 유감스럽게 생각하지 않습니다. 인간 본성이 자신의 마지막 보물로 집착하고 있는 환상, 즉 우리에게는 본연의 선이 있으며 하나님이 우리 안에 부어 주신 선을 우리 자신의 힘으로 유지한다고 믿는 거짓된 환상이, 사실 지금 우리를 행복하지 못하게 합니다. 우리는 마치, 발—한쪽 발 혹은 발가락 하나라도—을 바닥에 둔 채 수영하려는 사람과 같습니다. 그러한 발판을 버려야 비로소 파도에 온몸을 맡기는 끝내 주는 경험을 할 수 있는데도 말입니다. 자기 안에 본래의 자유와 능력과 가치가 있다는 최후의 주장을 버릴 때, 비로소 진정한 자유와 능력과 가치를 갖게 됩니다. 그리고 그때 갖게 되는 것만이 진정 우리 것인데, 왜냐하면 그것은 하나님이 우리에게 주시는 것이며 따라서 (또 다른 의미에서) '우리 것'이 아니라는 사실을 알기 때문입니다. 아노도스Anodos[62]처럼 우리 모두는 자신의 그림자를 벗어 던져야 합니다.

하나님은 또한 우리 서로에 대한 필요의 사랑도 변화시키시는데, 그 사랑 또한 변화가 필요하기 때문입니다. 사실 때로 우리 혹은 어떤 이들은 언제나 다른 이들이 베푸는 자비를 필요로 합니다. 자기 안에 계신 사랑 자체이신 분의 사랑으로써 사랑스럽지 않은 것을 사랑해 주는 그런 자비 말입니다. 그러나 이는 우리에게 필요한 사랑이긴 하지만 우리가 원하는 사랑은 아닙니다. 우리는 모두 자신의 명석함, 아름다움, 관대함, 공명정대함, 유용함으로 사랑받기를 원합니다. 누군가가 모든 사랑 중 가장 높은 사랑으로 자기를 사랑하고 있음을 처음 느끼는 순간은 끔찍한 경험입니다. 이는 주지의 사실로, 악의에 찬 사람은 그 경험이 우리에게 상처가 된다는 걸 알고는 부러 우리를 자비로써 사랑하는 체하기도 합니다. 애정이나 우정이나 에로스의 회복을 기대하는 사람에게 "그리스도인으로서 당신을 용서하겠습니다"라고 말하는 것은 그저 다툼을 계속하자는 말에 지나지

---

62) 조지 맥도널드의 환상문학 《판테스티스Phantastes》의 주인공.

않습니다. 이런 말을 하는 사람은 물론 거짓말하는 것입니다. 만일 진실이라면, 상처를 주려는 의도가 아니고서는, 그런 거짓말을 하지 않았을 것입니다.

누군가로부터 자기 자신의 매력과 무관한 사랑을 받는 일, 게다가 그런 사랑을 지속적으로 받는 일이 얼마나 견디기 어려운 경험인지는 극단적인 경우를 생각해 보면 알 수 있습니다. 가령 자신이 결혼 직후 불치병에 걸려 수년간 병상에 누워 있다고 합시다. 무능하고 무력하며 흉측하고 혐오스런 모습으로 누워서, 아내의 수입에 의존할 수밖에 없고, 집안 살림을 거덜나게 하고 있으며, 정신까지도 손상을 입었고, 치밀어 오르는 울화를 이기지 못해 자주 발작을 일으키며, 도움을 받지 않고는 아무것도 할 수 없는 처지. 그런 자신에게 아내가 끝없는 동정과 간호를 베푼다고 가정해 보십시오. 이런 상황 속에서 꽁해지지 않을 사람, 그저 받기만 하는 처지임에도 성질 내지 않을 사람, 실제로는 자기를 달래 주고 안심시켜 달라는 요구에 불과한 끝없는 자기비하로 상대방을 피곤하게 만들지 않을 사람이 있다면, 그는 사실 단순한 자연적 필요의 사랑으로도 할 수 없는 일을 하고 있는 셈입니다. (물론 아내 역시 자연적인 선물의 사랑의 범위를 뛰어 넘는 일을 하고 있는 셈이지만, 이는 지금의 주제는 아닙니다.) 이 경우에는 받는 일이 주는 일보다 더 어렵고 또 아마 더 복된 일일 것입니다. 극단적인 예이긴 하지만, 이 예가 설명하는 상황은 보편적입니다.

우리는 누구나 자비를 누리고 있습니다. 우리에게는 누구나 있는 그대로는 사랑받을 수 없는 무언가가 있습니다. 사람들이 그것을 사랑하지 않는 것은 전혀 그들의 잘못이 아닙니다. 있는 그대로는, 오직 사랑스러운 것만이 사랑받을 수 있을 따름입니다. 사랑스럽지 못한 것을 사랑해 달라는 말은, 썩은 빵이나 드릴의 소음을 좋아하라는 것과 같습니다. 우리의 사랑스럽지 못한 모습에도 불구하고 용서와 동정과 사랑을 받을 수 있는 것은 오직 자비 덕분입니다. 다른 길은 없습니다. 좋은 부모나 아내나 남편이나 자녀를 둔 사람이라면 누구나 잘 알고 있습니다. 때로(그리고 몇몇 특정한 특질이나 습관에 관하여는 아마 늘) 자신이 자비를 누리고 있다는 사실, 자신이 사랑받는 것은 사랑스럽기 때문이 아니라 사랑 자체이신 분의 사랑이 그들을 사랑해 주는 이들 속에 함께 있기 때문이라는 사실 말입니다.

이렇게 하나님이 인간의 마음속에 들어오시면 선물의 사랑뿐 아니라 필요의 사랑 역시 변화시켜 주십니다. 하나님에 대한 필요의 사랑뿐 아니라 동료 인간에 대한 필요의 사랑도 변화시켜 주십니다. 물론 이것이 전부는 아닙니다. 하나님은 더 무시무시한 목적을 갖고 오셔서는, 우리에게 어떤 자연적 사랑을 송두리째 단념할 것을 요구하시기도 합니다. 아브라함의 경우처럼, 두렵도록 중대한 소명으로 고국과 고향집을 떠나야 하는 경우도 있습니다. 또 금지된 대상을 향해 품게 된 에로스를 희생해야 하는 경우도 있습니다. 이런 경우, 그 과정이 비록 견디기에는 어렵지만 이해하기에 어려운 것은 아닙니다. 우리가 간과하기 쉬운 점은, 지속되어도 좋다고 허락받은 자연적 사랑도 변화가 필요하다는 사실입니다.

이 경우 하나님의 사랑이 자연적 사랑을 대신하지는 않습니다. 금을 위해 꼭 은을 버려야 하는 것은 아니듯 말입니다. 자연적 사랑은 자연적 사랑 그대로 유지되면서 자비가 나타나는 형식으로 쓰임 받을 수 있습니다.

여기서는 이따금 성육신 자체에 관한 일종의 메아리 내지 운韻 또는 추론이 나타납니다. 이에 대해 놀랄 필요가 없는 것은, 두 경우 모두 동일한 분께서 하시는 일이기 때문입니다. 그리스도가 완전한 하나님이자 완전한 사람이시듯, 자연적 사랑도 완전한 자비인 동시에 완전한 자연적 사랑이 되도록 부름 받은 것입니다. 하나님은 '신성이 육신으로 전환됨으로써가 아니라, 인성을 하나님 안으로 들어올림으로써' 사람이 되셨듯이[63] 여기서도 마찬가지입니다. 자비가 자연적 사랑으로 축소되는 것이 아니라 자연적 사랑이 사랑 자체이신 분의 사랑 속으로 들어올려져, 그 사랑을 위해 적합하고 순종적인 도구로 만들어지는 것입니다.

대부분의 그리스도인들은 어떻게 이런 일이 일어나는지를 알고 있습니다. 자연적 사랑의 (죄가 아닌) 모든 행위는, 어떤 특별

---

63) 아타나시우스 신경 Athanisian Creed.

한 시간에는 즐겁고 수치심 없으며 감사 가득한 필요의 사랑이 되거나 이타적이고 티 내지 않는 선물의 사랑이 되곤 하는데, 이때의 사랑은 자비이기도 합니다. 이런 식으로 변화되기에 너무 사소하거나 동물적인 행위란 있을 수 없습니다. 게임, 농담, 술자리, 한담, 산책, 비너스 등 우리의 모든 행위는 용서를 주고받거나, 위로를 주고받거나, '자기의 유익을 구하지 않는' 사랑의 형식이 될 수 있습니다. 이렇듯 사랑은 우리의 본능이나 욕망이나 오락 자체를 그 자신의 '몸'으로 사용해 왔습니다.

그러나 저는 앞에서 '어떤 특별한 시간'이라는 단서를 붙였습니다. 항상 그런 것은 아니기 때문입니다. 자연적 사랑을 자비의 한 형태로 완전하고 확실하게 변화시키는 일은 너무도 어렵기 때문에, 아마 타락한 인간 중 어느 누구도 그런 일을 완벽하게 해낸 사람이 없을 것입니다. 그러나 우리의 자연적 사랑이 모두 그런 식으로 변화되어야 한다는 율법은 예외가 없습니다.

그런데 한 가지 문제는, 여기서도 자칫 잘못된 방향으로 나갈 수 있다는 점입니다. 어떤 그리스도인 모임이나 가족은 (그들이 지나치게 과시적인 그리스도인들일 경우) 이러한 원리를 깨닫고선 너무 공공연한 행동이나 특히 말을 통해 자신들은 이러한 경지에 올랐음을 (교묘하며, 소란스럽고, 당혹스럽게 하며, 힘들 정도로) 과시하기도 합니다. 그런 사람들은 모든 사소한 일을, 서로를 향해 목소리를 높여 가며 모두 영적으로 중대한 문제로 취급합니다(골방에서 홀로 무릎 꿇고 기도하면서 하나님 앞에서 은밀히 그렇게 하는 경우라면 문제가 다르겠지요). 그들은 늘 상대에게 불필요한 용서를 요구하거나 밉살스러운 태도로 용서를 베풉니다. 그런 이들보다는, 자신의 언짢은 기분을 한 끼 식사나 하룻밤 잠이나 한 마디 농담으로 시원스럽게 풀어 버리면서 표 나지 않게 극복하는 평범한 사람들이 같이 지내기엔 훨씬 더 좋지 않겠습니까?

정말 중요한 일은 가장 비밀스럽게 행해져야 합니다. 가능한 한 자신에게도 최대한 비밀이 되어야 합니다. 오른손은 왼손이 하는 일을 몰라야 합니다. 만일 아이들과 함께 카드놀이를 하는 것이, '단순히' 아이들을 즐겁게 해 주거나 혹은 그들을 용서해 주었음을 보이기 위함이라면, 우리는 아직 한참 더 가야 합니다. 물론 이것이 우리가 할 수 있는 최선의 일이라면 당연히 그렇게 해야 합니다. 그러나 만일 더 깊으면서도 덜 의도적인 자비가, 그 순간 가장 하고 싶은 일이 아이들과 재미있게 노는 것이 되게끔 우리의 마음 구조 자체를 바꾼다면 이것이 훨씬 더 낫습니다.

그런데 이러한 필수적인 일을 하는 데에는, 우리를 많이 힘들게 하는 경험을 통해 실은 큰 도움을 얻습니다. 우리는 자연적 사랑을 자비로 변화시키라는 초대를 끊임없이 받는데, 이것은 그런 사랑에서 우리가 겪게 되는 충돌과 좌절의 경험을 통해 제공됩니다. 그런 경험은 (자연적) 사랑이 결코 '충분하지' 않다는 사실을 분명히 알게 해 주는 증거입니다. 우리가 이기심으로 눈이 멀지 않았다면 말입니다. 눈이 먼 이들은 그런 경험을 어리석은 방식으로 이용합니다. "만일 내가 좀더 자식 복이 있었다면(저 녀석은 점점 자기 아버지를 닮아간단 말이야!), 난 걔네들을 완벽하게 사랑할 수 있었을 텐데." 그러나 모든 아이들은 가끔씩 부모를 화나게 만드는 법이고, 대부분의 아이들은 종종 부모 눈에 밉게도 보이는 법입니다. "만일 남편이 좀더 자상하고 덜 게으르고 낭비가 덜했다면……." "만일 아내가 좀 덜 기분에 좌우되고 더 이성적이며 낭비가 덜했다면……." "만일 아버지가 그렇게 지독히 딱딱하고 인색한 분이 아니셨다면……."

그러나 우리 자신은 물론이고 모든 사람에게는 다른 사람들로부터 인내와 관용과 용서를 받아야 할 부분이 있게 마련입니다. 이러한 덕을 실천해야 하는 필요성 때문에, 결국 우리의 사랑을 자비로 변화시켜야 할(엄밀히 말하자면 하나님이 바꾸시도록 허락해야 할) 필요성을 만나게 됩니다. 이렇게 속상하고 부딪치는 경험이 실은 우리에게 유익합니다. 그런 경험이 너무 없다면, 자연적 사랑이 자비로 변화되기란 대단히 어렵습니다. 반면 그런 경험이 많을 때, 우리는 우리의 자연적 사랑을 초월해야 하는 필요성을 선명히 깨닫게 됩니다. 지상의 조건이 허락하는 한도 내에서 자연적 사랑이 최대한 완전히 충족되고 거의 방해 받지 않을 때 그 사랑을 초월하려면—모든 것이 너무 좋게만 보일 때 그러한 초월의 필요성을 인식하려면—, 더 민감한 변화와 더 섬세한 통찰이 요구됩니다. 이렇게 볼 때, 이 문제에서도 '부자'는 하나님 나라에 들어가기가 어렵다고 볼 수 있습니다.

그러나 적어도 우리의 자연적 사랑이 천국의 삶에 들어가기를 바란다면, 이 변화의 필요성은 누구도 피해갈 수 없습니다. 자연적 사랑의 천국 입성이 가능함은 사실상 우리들 대부분이 믿고 있는 바입니다. 우리는, 몸의 부활이 우리의 '확장된 몸', 즉 우리의 지상적 삶의 일반적 구조—거기서의 애정과 관계를 포함하는—의 부활도 의미하는 것이기를 희망합니다. 그러나 그렇게 되기 위해서는 한 가지 필수 조건이 있습니다. 이는 하나님이 자의적으로 설정하신 조건이 아니라 천국의 특성 자체에 필연적으로 내재되어야 할 조건으로, 바로 천국적인 것이 되지 않고서는 그 무엇도 천국에 들어갈 수 없다는 사실입니다. '혈과 육', 즉 단순한 자연은 하나님 나라를 상속받을 수 없습니다.[64] 인간은 오직, 죽으시고 천국으로 올라가신 '그리스도의 형상이 그 안에 이루어질' 때 비로소 천국에 들어갈 수 있습니다.[65] 우리의 사랑도 마찬가지가 아닐까요? 오직 사랑 자체이신 분이 그 속에 들어와 있는 사랑만이 그분을 향해 올라갈 것입니다. 인간의 사랑은, 어떻게든 그분의 죽음에 동참할 때 비로소 그분과 더불어 높이 올려질 수 있습니다. 그 사랑 안에 있는 자연적인 요소가 변화에 굴복—해마다 점차적으로든, 어떤 급격한

64) 고린도전서 15장 50절 참조.
65) 갈라디아서 4장 19절 참조.

고민을 통해서든—할 때 말입니다.

이 세상 모습은 결국 사라지고 맙니다. 자연이라는 말 자체가 이미 무상無常하다는 뜻을 내포하고 있습니다. 자연적 사랑은 자비의 영원 속으로 자신이 들어 올려지도록 허락한 한에서만 비로소 영원을 희망할 수 있습니다. 더 이상 아무도 일할 수 없는 때가 오기 전, 적어도 이곳 지상에서 그런 [들어 올려지는] 과정이 시작이라도 되도록 허락했어야 합니다. 그리고 그 과정에는 언제나 일종의 죽음이 내포되어 있습니다. 다른 길은 없습니다. 아내나 친구를 향한 사랑에서, 유일하게 영원한 요소는 사랑 자체이신 분의 변화된 현존뿐입니다. 우리 육체가 바라듯이 다른 요소들도 그 현존에 의해, 죽은 것들로부터 일으켜짐 받기를 희망할 수 있을 뿐입니다. 왜냐하면 그 현존만이 그들 안에 있는 거룩함이요 그것만이 주님이시기 때문입니다.

신학자들은 우리가 천국에서 '서로를 알아볼' 것인지, 즉 지상에서 가졌던 특정한 사랑 관계가 거기서도 계속 중요성을 갖게 될지 질문을 던지곤 했습니다. 아마 온당한 대답은 이런 것이 아닐까 합니다. "지상에서 어떤 종류의 사랑이었는지, 혹은 어떤 종류의 사랑이 되어 가는 중이었는지에 달렸습니다." 왜냐하면 만일 여러분이 어떤 사람을 단순히 자연적 사랑으로만 사랑했다면, 그것이 아무리 큰 사랑이었다 한들 영원한 세계에서 그는 여러분에게 흥미로운 존재가 되지 못할 것이기 때문입니다. 이는 순전히 관심사가 같아서 어울렸던 초등학교 동창을 훗

날 어른이 되어 만났을 때의 상황과 비슷하지 않겠습니까? 그와 공유할 무언가가 더 이상 없다면, 만일 그가 여러분과 마음이 맞는 영혼이 아니라면, 이제 그는 전적으로 낯선 사람일 뿐입니다. 이제 여러분은 딱지치기를 하며 놀지 않습니다. 더 이상은 여러분이 불어를 도와주는 대신 여러분의 산수를 도와줄 그런 친구가 필요 없습니다. 마찬가지로, 사랑 자체이신 분을 구현해 본 적이 없는 사랑은 천국에서도 무의미한 것이 되고 말 것입니다. 왜냐하면 거기서 자연은 영영 사라져 버리기 때문입니다. 영원하지 않은 모든 것은 영원히 시대에 뒤떨어진 것입니다.

그러나 여기서 분명히 짚고 넘어가야 할 것이 있습니다. 저는 사랑하는 사람을 여의고 슬픔에 빠져 있던 사람이, 그이와 재회하는 것을 그리스도인의 삶의 목표라고 생각하는 보편화된 망상에 빠져드는 것을 도저히 방치할 수 없습니다. 제게 있는 갈망과 두려움도 제게 그런 생각을 부추기고 있기에 더욱 그렇습니다. 그런 생각을 망상이라고 말하는 것이 슬픔에 빠진 이들에게 가혹하고 믿기지 않게 들릴지 모르나, 우리는 그 점을 분명히 알아야 합니다.

"당신 자신을 위해 우리를 만드셨으니, 우리 마음은 당신께 가기 전까지는 안식할 수 없습니다"라고 성 아우구스티누스는 말했습니다. 이는 제단 앞에 있을 때나 혹은 4월의 숲 속에서 기도와 명상에 잠겨 있을 때는 쉽사리 믿어지지만, 사랑하는 사람이 죽어 가는 자리 옆에서는 마치 우롱하는 말처럼 들립니다.

그러나 이런 위로는 저버린 채, 언젠가 사랑하는 사람을 다시 만나 영원히 함께 즐겁게 지내게 될 것이라는 희망만—강신술사降神術師의 도움을 받아서라도—바란다면 우리는 정말로 크게 우롱당하고 말 것입니다. 지상에서 누렸던 행복이 끝없이 연장되는 삶이야말로 완벽한 만족의 삶일 것이라는 생각은 너무나 하기 쉬운 상상입니다.

제 경험에 비추어 볼 때, 즉시 그런 생각에는 무언가 문제가 있다는 심각한 경고를 받게 됩니다. 내세에 대한 신앙을 이런 목적으로 사용하려는 순간, 우리의 신앙은 이내 약해져 버립니다. 제 인생을 돌이켜볼 때, 제 신앙이 참으로 견고했던 순간은 하나님을 늘 제 생각의 중심에 두었던 때였습니다. 그분을 믿을 때, 저는 천국을 당연한 결론으로서 믿을 수 있었습니다. 그러나 그 반대 과정—먼저 사랑하는 이들과의 재회를 믿고, 그 다음 그러한 재회를 위해 천국을 믿고, 마침내 천국을 위해 하나님을 믿는 과정—은 전혀 성공적이지 못했습니다. 물론 우리에게는 상상할 수 있는 능력이 있습니다. 그러나 자기 비판적인 사람은 곧 그러한 상상이 자신의 상상에 불과하다는 사실을 점점 더 깊이 인식하게 될 것입니다. 그는 자신이 지금 공상을 지어내고 있다는 사실을 잘 압니다. 그리고 더 단순한 이들은 그들이 양식으로 삼으려 하는 그 허상에서 아무런 위로나 영양가도 얻지 못하고, 다만 가련한 자기 최면 노력이나 저급한 그림이나 찬송가나 (더 나쁘게는) 영매靈媒의 도움을 통해서 어떻게든 그것을 실재처럼 느끼게 하려고 애쓸 것입니다.

이렇게 우리는 경험을 통해 지상의 위로를 천국에서 찾는 일은 아무 소용이 없다는 사실을 배우게 됩니다. 천국은 천상의 위로를 줄 수 있을 뿐 다른 위로는 주지 못합니다. 사실 이 땅도 우리에게 지상의 위로를 주지 못합니다. 궁극적으로 지상의 위로란 아예 존재하지 않기 때문입니다. 왜냐하면 우리의 믿는 바가 모두 거짓이 아닌 한, 우리의 존재 목적을 순전히 인간적인 사랑의 천국에서 발견한다는 것은 거짓된 꿈에 불과하기 때문입니다. 우리는 하나님을 사랑하도록 지음 받은 존재입니다. 지상에서 우리가 어떤 이들에게 사랑을 느꼈던 것은, 다름 아니라 그들에게서 그분을 닮은 어떤 면을 보았기 때문입니다. 그들에게서 그분의 어떤 아름다움이나 사랑이나 지혜나 선을 보았기 때문입니다. 우리는 그들을 너무 많이 사랑하고 있는 것이 아니라, 우리가 대체 무엇을 사랑하는가를 제대로 이해하지 못하고 있는 것입니다.

우리는 사랑했던 이들에게서 등을 돌려 어떤 낯선 존재에게 가는 게 아닙니다. 하나님의 얼굴을 뵙는 날, 결코 그 얼굴이 낯설지 않을 것입니다. 왜냐하면 그분은 우리가 지상에서 만났던 모든 순수한 사랑의 경험 속에 이미 함께 계셨고, 그 경험을 만들어 내고 뒷받침해 주셨으며, 그 속에서 매순간 움직이셨기 때문입니다. 그 속에 있던 참된 사랑은, 지상에서조차도 우리 것이라기보다는 단연코 그분의 것이었으며, 그분의 것이었기에 비로소 우리 것일 수 있었습니다. 천국에는 지상에서 사랑했던 이들에게 등을 돌려야 하는 고통이나 의무가 없을 것입니다. 왜냐하면 첫째, 우리는 이미 '돌아섰을' 것이기 때문입니다. 초상화로부터 실물로, 개울로부터 샘으로, 그분이 만드신 사랑스러운 피조물로부터 사랑 자체이신 그분 자신께로 말입니다. 둘째, 그분 안에서 그 모두를 발견할 것이기 때문입니다. 그들보다 하나님을 더 사랑함으로써 우리는 그들을 지금보다 더욱 사랑하게 될 것이기 때문입니다.

그러나 이는 모두 머나먼 '삼위일체의 나라'에서 이뤄질 일로, 눈물 골짜기인 이곳 유배지의 일은 아닙니다. 여기 이곳에는 상실과 단념만 있을 뿐입니다. 어쩌면 (우리에게 영향을 미치는 한에서는) 상실과 단념을 피할 수 없게 만드는 것이 사별死別의 목적인지도 모릅니다. 사별의 경험은 하나님이 우리의 참된 연인이시라는 사실을, 아직 느낄 수는 없지만 믿고자 노력하지 않을 수 없게 만듭니다. 그래서 어떤 면에서 사별은 불신자보다 우리에게 더욱 어려운 일입니다. 불신자들은 광분하고 격분하면서 우주를 향해 주먹을 휘두를 수 있습니다. (천재라면) 하우스먼 Alfred E. Houseman이나 하디Thomas Hardy처럼 훌륭한 시를 쓸 수도 있을 것입니다. 그러나 가장 밑바닥에 처했을 때에도, 최소한의 노력도 버겁기만 한 순간에도, 우리는 전혀 불가능해 보이는 시도를 시작하지 않을 수 없습니다.

"하나님을 사랑하는 것은 쉬운 일인가?"라고 전에 어느 작가가 물었습니다. 그는 "하나님을 사랑하는 이들에게는 쉬운 일이다"라고 자답自答했습니다. 저는 자비라는 말로 표현할 수 있는 두 가지 은혜가 있다고 덧붙였습니다. 그러나 하나님이 주시는 세 번째 은혜가 또 있습니다. 그분이 사람 안에 일깨워 주시는, 그분을 향한 초자연적 감상의 사랑이 바로 그것입니다. 이는 그야말로 최고의 은혜의 선물입니다. 자연적 사랑이나 윤리가 아니라, 바로 여기에 모든 인간적·천사적 삶의 참된 중심이 있습니다. 초자연적 감상의 사랑이 있다면 이 모든 것이 가능합니다.

이 사랑에 대해서 더 나은 책을 시작할 수 있겠으나, 여하튼 저는 감히 더 나갈 생각은 없으니 일단 여기서 마무리해야겠습니다. 제가 이런 사랑을 맛본 적이 있는지 없는지는, 제가 아니라 오직 하나님만이 아십니다. 어쩌면 저는 그러한 맛을 상상만 했던 것인지도 모릅니다. 저처럼 순종보다 상상력이 훨씬 앞서는 사람들이 받게 될 정의의 형벌이 있습니다. 우리는 우리가 실제 도달했던 것보다 훨씬 높은 상태에 대해 쉽게 상상합니다. 그래서 우리가 상상한 내용을 묘사할 때, 사람들이, 또 자기 자신도 정말로 그런 상태에 있어 봤다고 믿게 할 수 있습니다. 만일 이렇게 제가 단지 상상만 해 보았을 뿐이라면, 그런 상상이 어느 순간 우리가 바라는 모든 대상들—심지어 모든 두려움이 사라진 평화라는 것—이 그저 깨어진 장난감이요 시들어 버린 꽃처럼 보이게 만들었던 것 역시 환상에 지나지 않았던 걸까요? 어쩌면 그럴 것입니다. 아마도 우리들 대부분에게 모든 경험은,

단지 하나님에 대한 사랑으로 메워져야 할 어떤 공백의 외형을 규정하는 것에 불과한 것인지 모릅니다. 그것은 충분하지 않습니다. 물론 어느 정도 가치는 있습니다. 만일 우리가 '하나님의 임재를 연습'할 수 없다면, 하나님의 부재를 연습하는 것, 즉 점점 우리 자신의 무지를 깊이 깨달아서 마침내 자신을 거대한 폭포 옆에 서 있으면서도 아무 소리도 못 듣는 사람으로, 거울을 봐도 자기 얼굴을 발견하지 못하는 사람으로, 눈앞에 보이는 사물을 향해 손을 뻗어 보아도 아무런 감촉도 느끼지 못하는 사람으로 느끼는 것도 어느 정도 가치 있는 일일 것입니다. 자신이 지금 꿈꾸는 중이라는 사실을 아는 사람은 완전히 잠들어 있는 상태는 아니기 때문입니다. 그러나 완전히 깨어난 사람들이 전해 주는 소식을 듣고자 한다면, 여러분은 저보다 더 나은 이들을 찾아가셔야 할 것입니다.

옮긴이 이종태

한국외국어대학교 영어과를 졸업하고 장신대 신학대학원에서 신학을 공부했다. 미국 버클리 GTU(Graduate Theological Union)에서 기독교 영성학으로 철학박사(Ph. D.) 학위를 받았다. 《순전한 기독교》, 《고통의 문제》, 《시편 사색》, 《네 가지 사랑》, 《인간 폐지》(이상 홍성사), 《다윗: 현실에 뿌리박은 영성》, 《가르침과 배움의 영성》(이상 IVP), 《메시지 예언서》(복있는사람) 등 다수의 책을 번역했다.

네 가지 사랑

The Four Loves

지은이 C. S. 루이스
옮긴이 이종태
펴낸곳 주식회사 홍성사
펴낸이 정애주
국효숙 김의연 박혜란 송민규
오민택 임영주 차길환

2005. 8. 26. 양장 1쇄 발행 2018. 4. 16. 양장 20쇄 발행
2019. 2. 22. 무선 1쇄 발행 2024. 11. 15. 무선 10쇄 발행

등록번호 제1-499호 1977. 8. 1.
주소 (04084) 서울시 마포구 양화진4길 3 전화 02) 333-5161 팩스 02) 333-5165
홈페이지 hongsungsa.com 이메일 hsbooks@hongsungsa.com
페이스북 facebook.com/hongsungsa
양화진책방 02) 333-5161

ISBN 978-89-365-1350-4 (03230)